噺家の卵

落語キッチンへようこそ!

柳家さん喬

煮ても焼いても

目次

第一部 修業時代

第二部　師匠時代

第三部　外つ国にて

第四部

師匠と弟子

カバー写真　山田雅子
本文・カバーイラスト　中川　学
企画・編集協力　矢内裕子

第一部

修業時代

1　洋食屋の倅

はじめまして、柳家さん喬と申す噺家でございます。私の師匠は人間国宝だった、かの五代目柳家小さんです。師匠の門を叩いて五十年、あっという間でした。亡くなった師匠の思い出、兄弟弟子との修業時代、いろいろな事が思い出される頃です、そんな時、なにか書いてみませんか？　とのお誘いを頂き、「葉書一枚書くのでも何枚も書いては破りする私がそんな大それたこと、出来ませんよ！」と口では言いつつ、その瞬間、空っぽな頭の中で、あれも書こう、これも書こうと、編集者の話も上の空で勝手に思い浮かべたりいたしました。

ところがいざ書き始めますと喋ると書くとは大違い、書いては消し、消しては書き、指先に血豆が出来るほど、でもありませんが、とにかく文章は難しゅうございます。多少の事は目をつむって読んでいただければ有難いと思います。もっとも目をつむったら読めませんがね。つたない文でありますが途中で本を枕代わりになさらずにどうぞ、おしまいまでよろしくお付き合い下さいませ。

私の生まれ育ったのは、東京の本所《ほんじょ》という町です。浅草から吾妻橋《あづまばし》を渡って四、五分歩きますと本所吾妻橋という地下鉄の駅があります。この交差点の一角にあります「キッチンイナバ」という洋食屋が私の実家であります。そうです私は洋食屋の小倅《こせがれ》です。それが何で噺家になったのかと? それはまあ、あとでお話しするとして。

昭和四十四年までは都電が走っていましたっけ。家の前が吾妻橋二丁目という停留所でした。月島から柳島(福神橋)へ行く二十三番と、須田町から東向島三丁目へ行く二十四番と三十番の二路線が走っておりました。この吾妻橋二丁目の停留所で向島へ行く電車が大きく左へ曲がっていくのと真っ直ぐ柳島へ行く電車とが軌道のポイントを使い行き交っていまして、当然逆方向もありますから、その騒音は言うまでもありません。さらに深夜に土浦の駐屯地へ向かう警察予備隊(現自衛隊)の戦車が都電の軌道を通り抜けると、キャタピラとレールとの摩擦で放たれる火花と轟音はさながら雷がおちたようでした。昼間は昼間で馬車が肥桶を載せて、ヒズメの音をさせながらパカパカ、ゴロゴロ、ピチャピチャ、ヒヒーンと騒がしく往来し、時折定斎屋《じょさいや》(薬売り)が引き出しの環をカタカタ言わせながら売り歩き、キセルの羅宇屋《らうや》が蒸気の音をピーッと響かせながら街角で客待ちしていたり、爆弾あられ屋が大きな音を立てたりで、とにかくうるさい、いやもうそりゃやかましいったらありゃしない! でもそのやかましさは戦後復興の音であったのかもしれません。

子供のころ、通り一つ隔てたところに木賃宿が十四、五軒、軒を並べておりました。その木賃宿を利用する進駐軍のGI(米陸軍の下士官以下の愛称)さんが、ジープの助手席にちぃと派手なつくりをした日本女性を従えて行き交っていたもんです。その頃実家は乾物屋（食料品店）をしておりましたので、そんなGIさん用にコカコーラなども売っていました。緑のビンに入ったあの色の黒い、なんともおぞましい飲み物が、まるで勝ち誇ったように黄色い木の枠に整然と並んでいるのは、さながら日本を制圧した兵隊の行進のようでした。そのコーラを買いに来たGIが、店先で遊んでいる私たち兄弟に板チョコをよくくれまして、要領のいい兄はたどたどしく「チャンキュー」とか言いながら受け取っていたそうですが、私は頑として受け取らなかった、と母がよく話してくれました。どうもそんなトラウマがあって今でもチョコレートは中に何か入っているものしか手が出ません。ところがコーラは好きな飲み物なのです。このへんが私の優柔不断なところであります。

そのころはもちろんテレビなどはありません。ラジオが何よりも庶民の楽しみでした。今とはちがい、どの局に合わせても演芸番組が花盛り、幼い私でも、金語楼・柳橋・志ん生・文楽・金馬・痴楽・エンタツアチャコ・牧野周一・木下華声・千太万吉・英二喜美江等々の師匠方の名前は聞き覚えていました。のちに芸人の世界に入って、中には、まだお元気に高座をお務めになっておられるそんな師匠方のお身回りのお世話をさせていただけるのは、なんとも心躍る気持ちでした。

ラジオにかじりついていたのは六、七歳の頃ですが、私は小学校の卒業作文に「将来は人を楽しませる職業につきたい、喜劇役者、落語家、映画監督や俳優」などと書いた覚えがあります。そのころはテレビも普及し始めて、八波《はっぱ》むと志や三木のり平などにあこがれていました。

ところが中学時代、頭の悪い私は進学に苦しみ、将来の希望など描く間もありはしません。どうにかこうにか進学した高校のクラス仲間はみな大らかな連中で、私ものんびり高校生活をすごしておりました。呑気な私は、その頃には中学校の先生になりたいと思うようになりまして、ぼんやり附属の大学に進もうかと考えていたのですが、それがある日、突然進学をあきらめたのです。将来日本の教育界を背負って行かんという夢多き青年の夢（！）を打ち砕いたのはアジテーション演説でした。

学生運動華やかなりし頃で、毎日のように学生運動の報道がなされていました。そんな高校二年のある日の授業中のこと、親大学の学生が、突然校庭にトラックで乗りつけ、スピーカーのボリュウム一杯に、

「君たちは、やがて大学に進学し学問をおさめようと、大きな夢を描いているだろうが、今、わが大学はそのような価値もなく、ただ漫然と……しかるにわが国家の政治家どもは……」

とか訳のわからないアジ演説をとうとうと始める。もちろん授業にはならず、先生や職員がやめさせようと校庭に出てはみるものの収まろうはずもない。多くの人々に迷惑をかけている自分勝手な行動に、少年の心の中にあった大きな夢は大阪城が焼け落ちるがごとく大きな音を立てて崩れ落ちた……のであります。自分の憧れていた大学と目の前で見せつけられた大学生の姿、すべての学生がそうでないのはわかっていても、自分の中で憧れががらがら崩れたこと

はまちがいありません。

　私は目標もなくなり勉強もする気にならず、成績はどんどん落ち、とうとうクラスで最後から二番目。私より下がいたのが驚きだが、ゴルフならブービー。コンペなら商品が出ますが、学校じゃ出ません。出てきたのは心配した担任の先生、何か悩みでもあるのではないかと私を職員室に呼び出し、

「稲葉！　こんな成績では、いくら附属高校でも、学内選考で落とされて大学に進学できないぞ、お前どうするつもりだ？」

　返事もせずにうつむいている私に、先生が肩に優しく手をかけて、

「どうするつもりなんだ？」

　とさらに言いつのります。先生の気持ちを思うと、何かすぐに答えをださなくてはいけないような強迫観念にかられた私は思わず、

「大丈夫です先生、僕、落語家になるんです！」

　と口にしていました。

　えっ、なんで、おれが噺家？　どうして？　自分の中に潜在的にひそんでいたものが、追い込まれたその時に、窮鼠猫をかむが如くピュッと飛び出したのか？　自分でもわかりません。

　そのとき、私の肩に置かれた先生の優しい手が一瞬離れました。

「おい、稲葉！　何を言ってるんだ、そんなこと言わずに頑張れ。お前なら上にいけるんだか

ら」

当然そんな言葉が返ってくると思っていたその瞬間、

「そうか、お前ならいいかもな」

と、先生の手は私の肩には戻らず自分の膝に戻ったのでした。


しかし、大学進学をあきらめて、本当に噺家になりたいのだろうかと、少ない脳みそと小さな心で探ってはみました。他に道はないのか、実業家の道もなくはないのではないか。たとえば家族みんなで同じ店でそれぞれ違った分野の料理を一緒に食べられる店とかどうだろう。子供はスパゲッティー、お父さんはカツ丼、お母さんは酢豚にご飯、仕上げはフルーツポンチにお汁粉。発想が庶民的なのがお恥ずかしいですが、子供の頃からなんでそういう店がないのかと思っていたのです。

そんな施設はせいぜい百貨店のお好み食堂くらいで、それも子供用のお子様ランチには旗の刺さったチキンライスに小さなエビフライ、ウインナーソーセージに申し訳程度のハンバーグ、デザートは寒天ゼリー。それでも子供は目を丸くして食べてました（いま大人用のお子様ランチを出したら、必ず売れると思う、私は絶対注文する！）。でも街中には家族が一緒に別々の料理がとれる食堂はない、そんな施設があれば、と考えたものの、資金を捻出するすべもなく私の考えはすぐに頓挫しました。

これはいまで言うファミリーレストランですね。ちなみに日本で初めてのファミリーレストランは昭和四十四年に横浜に出来たそうです。私が発案した三年後です。ああ！　私に実行力さえあれば、いまごろは噺家をはべらして酒を飲み「お前の芸はあそこが悪い、ここがまずい」と好き放題に言って、帰りに車代を十万ばかりやって、噺家をぺこぺこさせられたのに。それがどうだ、今はぺこぺこする旦那を捜し歩いているのだから、なんとも情けない。

それはともかく先生が手を膝に置いたあの瞬間、私は噺家への道を進むことになったのです。

2　「噺家行き」の列車

噺家になろうと決めたそんな夏のある日、私の従姉が久しぶりに遊びに来ました。この従姉は浅草の田原町でちょいと気の利いたクラブをやっていまして、エキゾチックな顔立ちをしたなかなかの美人です。私が高校の時に二十七歳くらいでしたから、いまは……まあいいか。

従姉は来るなり「みっちゃん！」と声をかけてきました。当時は、家族、親戚、町内、悪童、みな私を「みっちゃん！」と呼んでいたんです。

「みっちゃんは落語が好きだよね？」

「うん、まあ」

「あのね、うちのお客さんでね、芸能学校を作った人がいてね」

「うん」

「その中に落語の教室もあってさ」

「うん」

「それがさ、生徒が集まらないのさ」

「うん」

「それでね、みっちゃん、その教室に入ってみない？」

人の運命は好むと好まざるとにかかわらず自然とその方向に向いて行くものなのだろうか、私は従姉への義理もありその芸能学校に通うことになりました。

そこで教えて下さったのが当時二つ目で有望株の三遊亭吉生さん（現六代目三遊亭圓窓師匠）。半年も通ったころ、授業のあと吉生さんに呼び止められました。

「稲葉君は今年高校卒業でしょ？　大学は行かないの？」

「はい」

「就職は？　どうするの？」

「……」

「噺家になるつもり？」

「は、はい！」

「やっぱりね！　よした方がいいよ」

そう言われると思ってはいたものの、でもなりたいんです、と私には珍しく真剣に喰らいつきました。

「どの師匠に弟子入りしたいの」

「小さん師匠です！」

「目白かーっ？」

ご存知の通り、役者や噺家は住んでいる所で呼ばれます。文楽師匠は黒門町、志ん朝師匠は矢来町、三平師匠は根岸、正蔵師匠は稲荷町、三木助師匠は田端、志ん生師匠は日暮里。

五代目小さんは目白の閑静な住宅街に住んでいました。そこで師匠は「目白の師匠」となるわけです。吉生さんは「目白かーっ？」と腕を組んだまま。

「駄目ですか」

「いや駄目というわけではないけど、小さん師匠はお弟子さんが多いから難しいかもしれないよ」

確かに吉生さんの言うとおりでした。のちに弟子入りを許されたあとで先輩たちから「ひと雨ごとに弟子が増えるね、まるで蛙だね」と言われました。実際、半年の間に私を含め五人も弟子が増えたのですから、そう言われても仕方ないですが、雨後の竹の子ならず、雨後の蛙とはうまいことを言うものです。

難しいとは言いつつも、吉生さんはいろいろな入門志願成功のノウハウを教えてくれました。

「でも無理だと思うけどなーっ」

と、また腕を組む吉生さん。それをもいとわず私は、五代目柳家小さんに弟子入り志願しようと心に決めました。


となれば、いつその目白のお宅へ行こうか。いろいろ考えあぐねていると、意外な展開が待ち受けていました。

私の実家の洋食屋によく食事に来てくれたお客さんに大沢さんという方がいました。大沢さんがある日、私の父に向かって、

「ねえマスター、お宅の次男坊、今年高校卒業じゃないの、大学は決まったの？」

親父は皿を拭き拭き、

「それがねぇ、噺家になりてぇなんてとんでもねぇことを言い出しゃあがって、困ってるんですよ、まったく！」

「へー、そりゃいいや、で！　誰の弟子になりたいの」

「小さん師匠のとこへ弟子入りしたいとか言ってやがるんですがね、どうもお弟子さんが多いからとってくれねぇかも知れねぇ、とか言ってやがるんですが、こっちはその方がいいと思っているんですがね！」

大沢さんは水をグイッと飲み、

「そりゃいいや、小さん師匠なら紹介してあげるよ」

「えっ！」

思わず親父の皿を拭く手が止まりました。大沢さんは、師匠の小さんが二つ目の頃からのご贔屓で「師匠！」「どうも！」の仲とのこと、紹介するくらいはたやすいことだと言います。果たせるかなその大沢さんの紹介で目白の五代目柳家小さん師匠の門をくぐることになるのです。

大学進学をあきらめてから「噺家行き」という列車にいつの間にか乗っていて、駅、駅でそれぞれの人たちに迷うことなく乗り換えさせてもらい、この目白の五代目柳家小さんという駅に連れてきてもらったような気がします。そこには自分の噺家になりたいという意志とは別の力がはたらいていて、運命とはこんなものなのかとも思いましたが、それは噺家になれたから言えることなのでしょう。人はみな夢や希望を持ち、それが成就する人もいれば挫折する人もいて、それが運命ならば、私は大学進学に挫折したからこそ見出せた人生なのかもしれない、挫折は自分を見直すことができるチャンスなのかもしれない。「若者よ挫折を憂うことなかれ、挫折は未来を開く扉だーーっ」と愚かな噺家が申しております。

さあいよいよ憧れの小さん師匠とご対面だ！

3 命名「小稲」

小さん師匠の家は目白の駅から歩いて四、五分の静かな住宅街にありました。下町の喧騒の中で育った私には、人の住むところとは思えないくらい違う世界です。

牡丹文字で小三（小さん）とデザインされた紋がはめ込まれている縦格子二枚戸屋根付きの門の前に立った学生服姿の私は、手に汗を握り、顔面蒼白。身震いを抑え、唾をグッと飲み込んで、大沢さんの後についてその粋な門をくぐりました。

師匠のお宅の門は一間もないほどでしたが、瓢簞のように口は細いが中は広くて、玄関の三和土《たたき》（土間）にはナチ黒の石が埋め込まれていて、ちょっと高い上り框《あがりがまち》を震えながら上がると、六畳ほどの居間に通されます。

居間は掘りごたつでしたがもちろん足を入れられるわけがない。一年後にはこの掘りごたつに足を入れ、大口をあけ涎を垂らして昼寝をすることになるなど知る由もなく、ともあれ正座をして師匠のお出ましをじっと待ちます。

師匠に紹介されたらまず少し後ずさりして、親指と人差し指の先をくっつけて、三角をこしらえその手を畳について、その中に鼻の頭を入れるようにして、おでこを畳に擂り寄せてお辞儀

をして、と、落語の『牛ほめ』で与太郎が親に教わる場面そのままに段取りをして、

「はじめまして、稲葉稔と申します、ぜひ師匠に弟子入りをさせていただきたく伺いました。立派な噺家になれるよう一所懸命修業をいたします、どうぞよろしくお願い申し上げます」

と、何度も繰り返し私の中でシミュレーションはできていました。

とは言うものの緊張は頂点に達し、そこへ後に先輩となるお弟子さんがお茶を持って現れました。

「どうぞ」

あ、ありがとうございます、と言ったものの笑う余裕などなく、きっと向こうは「こいつ、弟子入りだな！　小生意気な顔してやーがる」と思いながらお茶を出し、こっちはこっちで、「この人が兄弟子になるのかぁ」などとお互いに腹の中で探りを入れながらその場をやりすごしていると、やがて師匠が剣道の胴着を着けたまま汗を拭き拭き入ってきて、大沢さんに、

「どうもお待たせをしやした」

と、どっかと座ったその時、まるで計ったように師匠のお内儀《かみ》さんが二階から降りてきて、

「どーも、大沢さんご無沙汰いたしておりまして、いつもいろいろお世話になってばかりで」

と、愛想よく福島訛りの残る言葉で挨拶をしながら私の斜め左に座りました。

師匠は剣道が好きで自宅に十坪ほどの道場を持っていて、道場の入り口には「柳家鍊成道場」と自筆の大きな看板を掲げていました（師匠は絵も字も玄人はだし）。後年自宅を建て替

えたとき、この道場の広さは二倍強となります。居住空間を少なくしてまで道場を広げるのだから正に病膏肓《やまいこうこう》というもの。師匠は当時、五段教士で、それがやがて七段範士（七段で範士になれるのは少ないらしい）に登りつめるのですからやはり凄い人です。やがて私は落語の稽古より剣道の稽古に引っ張り出され、恰好の稽古相手になるのですが、その顚末は弟子入りが許された後のお話。

目の前に現れた師匠は、剣道の稽古を途中で終えてきてくれたのか、顔は真っ赤で頭から湯気を出していて、顔には面（剣道防具）の痕。何度も顔の汗を拭き直し、チラッと私を見た瞬間、目と目が合った私は、「こ、小、小さんだ～っ！」と頭の中はもう真っ白です。

「師匠、この子がこの間電話で話した稲葉君です、実家は吾妻橋で洋食屋をしてましてね、今年高校を卒業してどうしても師匠の弟子になりたいと言うんです、真面目ないい子です、両親もしっかりしていて、どうでしょうか弟子に取っていただけませんか」

と、大沢さん。その時、どのような態度を自分がとったかまるで覚えていません。他のことは五十年後の今でも鮮明に覚えていますが、この瞬間のことはまったく記憶にないんです。

師匠とお内儀さんの前でしっかり練習通り挨拶が出来たのか？

失礼はなかったのか？（あったはずだ）

どんな態度をしていたのか？

その時の師匠とお内儀さんの様子はどんなだったか？

まるで覚えていません。

覚えているのは、黙っていた師匠が話し始めたことくらいです。

「いまは噺家が多くなってね、うちの連中だって寄席へ出られねぇで、ブラブラしてるやつがいくらもいてね」

と、立ち上がって、予定表の脇に貼ってある香盤（寄席等の出演者の全体の出番表）の下の方を指差し、

「ここに書いてあるのはみんな！　予備（出演予定の無い芸人）だよ！　かゑる（現馬風）も、さん治（現小三治）も、さん八（故扇橋）も！」

と順に指差します。そのほとんどが近世落語界に名をとどめた先輩たちばかり。もちろんそれがどんな意味かなど知る由もなし、弟子入りが叶うことだけ願ってる人間には何の説得力もない話です。

師匠は、やれ稼ぎが少ないとか、芸人なんぞになっても何の得もないとか、かみさんも持てないとかマイナス面ばかりを前面に押し出し、少年の熱く燃え盛った火を鎮火させようとしている！　が、そんな手に乗るものかとばかりに、渇ききった口で、

「大学へ、よ、四年行ったつもりでが、が、頑張ります、駄目でしたら首にして下さい」

と喰らいついた。

いま考えると、なんと図々しいことだと思いますね。「生涯頑張ります！」と言うならとも

かく、四年で将来の答えを出してくれと言わんばかりの頼み方、正に厚顔無恥です。

「当人も一生懸命やる覚悟でおりますから、どうでしょう弟子に取っていただけませんか？」

師匠は腕を組み、うーんと小さくうなって、お内儀さんの顔を見た。お内儀さんは素知らぬ顔。

長い沈黙ののち、師匠は咳払いをひとつして、

「それじゃー、明日から来てみるか」

「よろしくお願いい、い、たします！」

何とか返事をして、畳におでこをすり寄せたのを覚えています。

と、それまでなにも言わなかったお内儀さんが、

「師匠！　名前を付けておやりよ」

「う、うん」と、師匠はめんどくさそうに立ち上がり、二階にどかどかと上がっていく。お内儀さんは来客へ愛想をつかい、場を持たせる。まことに気遣い細やかな優しい人だと、厚顔無恥な私にもそれはわかりました。

またどかどかと階段を下りてくる音がして、師匠は半紙を私に手渡し「へへ！」と笑ってみせます。その半紙には、上手な筆字で黒々と、

「命名　柳家小稲」

嬉しかった！　本当に嬉しかった。飛び上がらんほど嬉しかった。これからの艱難辛苦も思

いもせずに。嬉しかった。

弟子入りを許されたその日に芸名を付けてくれることなどまずないのだと後で知りました。

4 噺家のタマゴ

昭和四十二年西暦一九六七年未年四月二十三日昼過ぎ。噺家の卵の卵、柳家小稲が誕生しました。

内弟子（住み込み）をお願いしたのですが、すでに二人住み込みがいたので通い弟子ということになりました。

帰りの目白駅は来た時とまるで景色が違っていました。駅の様子、行きかう人々、駅前の店々、来た時には何ひとつ目に入らなかったものが、入門が決まったとなると嘘のように目に入って、まるで違った駅を歩いているようでした。

家へ帰り入門が許されたことを報告すると、親父は「そうか！」とだけ。

母親は、「辛くなったらいつ辞めてもいいんだから、いいね？」

まだ何もしていないのに、もう辞めることを勧めている！

兄が小さな声で「光延（私の呼び名）、頑張れよ！」と言ってくれました。兄は十六歳で店の跡取りになると決めて自ら退学届けを出し店を継いで、朝早くから夜遅くまで働いていました。兄十九歳。これから先この兄にどれだけ私を支えてもらったか知れません。何度も喧嘩もしましたがその後で必ず優しくしてくれた、この最も尊敬する兄は、四十七歳の若さで親兄弟の行く末を案じながら他界することになります。

翌日いよいよ、五代目柳家小さんの弟子として初日を迎えることとなる私が朝六時に起きて仕度をしていると、兄が弁当をこしらえてくれていて、

「どんな世界かわからないけど、とにかく腹減ったらいけないから」

と差し出してくれました。

家の前の都電に乗って、上野で国鉄山手線（当時は、やまて線）に乗り換え目白駅から徒歩五分。師匠宅の門をくぐり玄関の戸を開け、おはよーございます！　と声を掛けると、出て来たのはつなぎのGパンを穿いた内弟子のKYさん。

「アーおはよう、小稲君だね、師匠から聞いているよ、弟子はね、玄関から出入りしては駄目なんだよ、台所から出入りするんだよ」

台所へ回るとそこには内弟子、通い弟子合わせて五人の先輩たちがたむろしていました。

「おはようございます、このたび入門させていただきました小稲と申します、よろしくお願いいたします」

と震える声で挨拶をすると、先輩たちは口々に「おす！」「宜しく！」「ようこそ！」「がん

ばって！」

朝の仕事は掃除から。それぞれ分担があって大まかに、一階・二階・道場・庭・台所。私に任せられるのは庭掃除と二カ所のトイレ・風呂場だろうかと思っていましたが、とにかく雨後の蛙がたくさんいるので振り分けしきれない。そこで当座は手の足りない所へあちこち派遣されることになりました。みなが掃除をしているうちに台所番が朝のご飯の仕度をします。味噌汁に、こうこ、おかずらしきものはありません。それでも朝の仕事を終えて、兄弟子と愚にも付かない話をしながらの朝飯の旨かったことを今でも覚えています。

そうこうするうちに師匠は、掃除や弟子たちの朝飯の済んだのを見計らったように自分の部屋から起きてきて、掘りごたつのある居間にどっかと腰を下ろすと新聞を読み始める。

弟子たちは廊下に一列に正座し両手をつき、

「おはようございます！」

と声を揃えて朝の挨拶。師匠は新聞に目を通しながら「うん！」と低い声で答え、新聞越しに私の顔をちらり。私は顔を赤らめ、

「本日よりよろしくお願いいたします」

もう少し気の利いたことが言えそうなもんですが、その時の私には精一杯の挨拶でした。師匠はまた「うん！」と低く答えました。

新聞にざっと目を通すと師匠は朝湯に入り、湯に入りながら下帯（褌《ふんどし》）を自分で洗います。

師匠は俗に言う「六尺」の愛用者で、当時の（昭和四十年代）楽屋でこの六尺を愛用している芸人は他にいなかったと思います。すでに下着は誰もがパンツで、越中褌を愛用していた師匠方は数人いたように覚えています。これは楽屋で前座としてお着替えをお手伝いする時に拝見したのですが、褌に拝見と言うのは可笑しいですかね、「垣間見る」と言うと何か意図的に見たような。ご開帳？

ともあれ、師匠の褌は晒しの布を二メートルくらいに切った長いもので、もっとも六尺（約一・八メートル）と言うくらいですから当たり前の長さですが、これを師匠は自分で洗う。師匠もお内儀さんも下着は絶対に弟子には洗わせない。必ずご自分で洗う。出世前の者に下のものを洗わすことは絶対にさせない、ということです。

「すると出世したら洗わせるのかなあー」と屁理屈をこね回すようなばか者は、まず噺など上手くなりません。

私が入って、雨上がりの蛙は総勢八匹。朝から師匠宅に集って、それぞれがぺちゃくちゃ喋りながら、掃除やら、食事の仕度やら、何もせずにただ話し相手になっているやら。これでは修業といってもはたから見たらなんとも楽しそうに見えるかもしれませんが、そこはそれ、修業という名の下で行われている諸事ですから楽しいわけはありません、いやしかし、きっと楽しく見えるはずだ、なにせ噺家の卵ですから、辛いことをそのまま辛いようにしたのでは、やがて観客の前で落語を演じるときに自分の弱さだけが見て取られ落語の楽しさなどは観客に伝わりません。

噺家としての修業は噺を稽古するばかりではなく日常の中に多くの意味があるのだろう、だから何ごとも楽しく行わなくては将来のためにはならない、と今は思います。

卵というものにはいろいろな調理方法があります。しかし割らなくては何の調理も出来ない。おそらくこの前座修業というものは、この卵を割る前なのでしょう。割ってみて新鮮な生の味を観客に味わってもらい、やがて焼いてみたり、茹でてみたり、炒めてみたり、さらにはあらゆる食材とコラボレーションしてみたりと、卵を基本にした料理が出来上がる。そのもととなる卵がそもそもいかにも不味そうではいけません。嘘でも美味そうでなくては。その美味そうに見てもらえるようにするのが前座修業です。

もっともあの丸い卵を見ただけで「おいしそう」と思う人はそうはいないでしょう。まあ話のたとえとしてお聞き流しをお願いいたします。

●落語キッチン①

かくやの香こ

こんにちわ。♪古いアルバムの中に隠れて想い出がいっぱ〜い♪　てなわけで、今回は前座の頃の物語です。

前座の朝は忙しい、朝の挨拶もそこそこに掃除をはじめます、結構広い師匠の家ですが、今のように掃除機などは使わない、いや使わないのではなく掃除機がなかったのです。

当時（一九六〇年代後半）家庭の掃除機の普及率は五〇％程でしたが、師匠の家にはなかったのです。決して買えなかったわけではありません！　弟子の教育のために買わなかったのであります（たぶん？）

師匠の家の電化製品と言えば冷蔵庫と扇風機とテレビぐらい。あっ！　それとアイロン。

噺家の修業に電気器具など必要なーし！

だって古典落語に掃除機も洗濯機も出てこないじゃないか！

だから俺達噺家は箒に塵取、バケツに雑巾、はたきを腰に頭に鉢巻、ハイホー、ハイホー、掃除が好き〜♪　とばかりに朝早くから掃除をはじめる。

部屋の隅々の埃を箒で一度掃き集めて、暫らくして畳に落ち着いた見えないくらい細かな塵を、棕櫚箒《しゅろぼうき》でまた掃き集める。

寒い冬、凍てつくような水で雑巾がけをする、しばらくすると手はかじかみ雑巾を絞ることも出来なくなる。

暑い夏は全身に汗をかき、シャツがグッショリ濡れることも厭わず何度も廊下を拭き込む、汗が廊下に落ちると染みになる、この染みが消えるまでまた拭き込む、また汗が噴き出す。

無駄と思われる噺家としてのこの修業が、決して無駄とならずやがて噺家として素晴らしい苔となり、碧々《あおあお》と身体中につく……はずだった！

しかし今日に至ってもまるで付くようすもない、ないということは、しっかり修業をしていない、していなければ付くはずもない、ないない尽くしで仕方ない、これではおいらにゃ明日はない。アーコリャコリャって、歌っている場合じゃあない、しっかりしろー！


そうして我々が掃除に汗を流しているうちに、年長の前座が朝飯の仕度をする。掃除が終わり手を洗い台所に入ると、ガス台の上には豆腐の味噌汁が湯気を立てている。ご飯もほどよく炊き上がり、膳の上には、「かくやの香こ」が丼に山盛りに置いてある。

これが朝食のオールキャスト！

へえそれだけ、と思われるかもしれませんが、朝早くから掃除に精出し腹ペコペンペコリの若者にはこれで十分。

いえ、この「かくやの香こ」は皆さんに一度食べさせてあげたいくらい、それは上質なおかずでした。

なにせ時の将軍徳川家康の料理番が食前に供したところ、絶賛を浴びたほどの天下を取った香の物、あだやおろそかに頂けるものではない！　と言い聞かせ、少ないおかずに不満も言わず（言えば罰が当たる）あっと言う間に全てをきれいに頂く。渋茶を飲みながら楽屋話をしたり他の芸人の陰口をして、それはそれは楽しい時間を過ごしている内に、師匠が起きてきてその日の緊張が始まります。

さてこの師匠の家の「かくやの香こ」の作り方。糠味噌に残った茄子や胡瓜に人参、季節によっては茗荷や瓜、時には　西瓜などの古漬けを桶の下から探し出し（わざわざ古漬けにしてました）、これを薄くきり、ほどよく水に晒し加減よく適量を手のひらに載せて、赤ちゃんの手を握るがごとく優しく絞る。恋人の手を握るがごとくではいけない、欲情が湧き力が入り過ぎる。あくまでも赤ちゃんの手を握るがごとくである。これを蕎麦屋に返さなかった、いや取りに来なかった丼に盛り付け、生姜を微塵《みじん》切りにして（本当に微塵に切ります）雪が降る如くパラパラと降りかけ出来上がり。

どうです旨そうでしょ!?

『酢豆腐』という噺があります。

この中で町内の若い連中が　酒のつまみを買う金がなく、「かくやの香こを作ろう！」となったが誰もが糠味噌に手を入れるのが嫌でいろいろ理屈を言って断り、中には金を出すから勘弁してと言う者まで出てくる。そんな場面があります。

わが小さん宅においても同様で、誰もやりたがらない。結局そこにいる一番下の前座が、年長前座の目配せでしぶしぶ手を入れる。

本当に毎日毎日よくかき回したなー。日に二度は必ず！　これを怠ると大切な糠床が死んでしまうから。

何せ師匠もかくやが好きで、もし糠床を駄目にしたら師匠の朝の楽しみが一つ消える。それどころか朝の前座の食卓から唯一のおかずがなくなる。そんなことになったら先輩たちに糠味噌桶に突っ込まれ、こっちが古漬けにさせられる。

そんな臭い仲にはなりたくない、そこでせっせとかき回す！　これでは女の子も近寄らない、たまに近寄ってくる女の子に心躍らすが、糠味噌の臭いに遠ざかる……これが本当のぬか喜び？

あー我が青春の想い出は、ただ酸っぱさだけが残ってる。アーコリャコリャ……って！

今日は良く唄うなー……。

5　下手人はこの人だ！

さて雨後の筍《たけのこ》たる前座たちの朝の掃除、まずは二階の和室二間からご案内申し上げましょう。二階は子息柳家小太郎（現六代目小さん）とお嬢さんの部屋があり、その他に八畳と六畳の和室、廊下の突き当たりの階段を三段上がると師匠とお内儀さんの部屋。つまり師匠の部屋は和室八畳の隣の階段三段分の高さのところにあります。壁で仕切られてはいるものの、壁には畳半畳分ほどの障子がはめ込まれているので、師匠の部屋にすべての音が筒抜け、一番気を遣う場所です。二階は、廊下と和室二部屋と二階にもあるトイレだけを掃除します。

当時、掃除機は師匠の家にはありませんでした。座敷箒と棕櫚箒を使い分け、まだ寝ているかもしれない師匠を起こさないよう、音を立てずに丁寧にゆっくりと小さなごみや綿埃などを掃きだし、畳の目なりに雑巾がけをして廊下に移ります。

この八畳の部屋には一間ほどの床の間があり、左側に床柱。そこに互い違いの棚があり中央にはテレビの鑑定団に出せば間違いなく三千円の値がつく掛け軸に、これまた五体で五百円の値がつくのは必至であろう狸の置物がずらりと並び、その中にお客様からいただいたガラス細工の鶏の置物がありました。

入門して一年ほどだったか、二階の掃除にあがり床の間の棚にハタキをかけていると、置いてある鶏がなにやら不自然です。なんと、片方の羽根が肩から欠けているではありませんか。それを前から見たのではわからないように不自然に置いてある。私はその鶏を持って下に降り、先輩に差し出し、

「これ片方の羽根が欠けていますけど」

「い、い、いいんだよ、そのままにしておけば！　羽根を隠しておけばわからねぇんだから」

下手人はこの人だ！　私は師匠に謝ったほうがいいんじゃあ……と言いかけましたが、そのまま棚に戻しハタキをかけ続けていました。するとどうでしょう、ハタキの先がその手負いの鶏の片方の羽に絡みつき、果たせるかな、床の間の床板の上に頭からゴトン、鶏の鶏冠《とさか》がポロリ。

ど、ど、どうしよう！　とにかくこれを狸の置物に隠れるよう前よりさらに不自然に置き直し、私は欠けた鶏冠を握り締め、かの下手人のところへ行ってそっと手を広げました。

「おっ！　お前もやりゃあがったな！」

兄弟子は冷蔵庫の上に置いてある小引き出しの二番目を引き出し、その奥から取り出したのは紙で包んだ羽根の残骸。ああ、ついにこの人と同罪だ！

「あのよー」

あの世もこの世もありませんよ！

「このごろ、なんでも着く強力な接着剤出たんだそうだなぁー、アロハなんとかと言うらしいんだけどよ、それ買ってきてくっ付けようと思ってここに隠しておいたんだ、それも一緒にくっ付けるからよー、そこへ隠して置いとけよ」

「すぐ買いに行きましょうよ」

「大丈夫だよ、師匠、気がつかないから」

でも壊したんだから謝ったほうがいい！　しかし、私が鶏冠のことを言えば羽根のことが見つかってしまう、見つかると兄弟子が呼ばれて、「なんで、言わねぇんだ馬鹿野郎！」と叱られる、叱られると兄弟子は文字どおり鶏冠に来る、鶏冠に来ると、私に当たる……正直ものが馬鹿を見る、馬鹿を見るのは馬鹿馬鹿しい。

とにかく早く接着剤を買ってきて痕跡をなくさなくてはならないのに、共犯者はいっこうにその気配がない。

ある朝二階の掃除に上がったKY兄さんが、しばらくして脱兎のごとく降りてくると、その手には両方の羽根と鶏冠が欠けたただのガラスの塊が……。共犯者が三人、羽根もなく鶏冠もなくなった鶏は少し首をかしげて天に召されていったのでした。

いまもデパートなどでガラスの置物を見ると心が痛みます。ごめんね！

一階の間取りは三畳の台所、居間は掘りごたつ付きで六畳、仏間が八畳、剣道場が十坪ほどの広さです。居間と仏間は部屋続きで襖で仕切ってあり、両部屋には廊下代わりの幅の広い縁側が付いていて、その前に十坪ばかりの庭。石灯籠と蹲《つくばい》が設《しつら》えられ、飛び石が五、六個敷いてあり、狭いが十分に風情を感じる庭でした。

昭和四十四年の冬に大雪が降ったことがあります。この小さな庭にも雪が降り積もり、それは綺麗でした。落語の雑俳に出てくる「初雪や狭き庭にも風情あり」の句そのものでした。

その庭を縁側に座って眺めていたお内儀さんが突然、

「みんな、ちょいとこっちへおいで！」

顔を見合わせ、「お前、何かしくじったな」「お前が何かしでかしゃぁがったな」と互いに目で非難しあいながら、ともあれ仕事の手を止め、急いで縁側へ駆けつけます。みな正座をしてうつむいて、「ばかーっ！」という言葉を待っていると、

「お前たち、ごらん、綺麗だねえ、みんなでここで庭を見ながら句会をやろうよ」

「お内儀さん、句会ですか？」

「そうだよ。お題は、雪だよ」

はからずも雪見の句会が始まったのです。

皆、首を曲げたり、天を仰いだり、うつむいたり考え込んだり。

「一夜明け音静かなり庭の雪」

お内儀さんが口火を切った。一同「おー！」と声を上げた。

「感心してないでお前たちがやるんだよ」

皆またうつむいた、すると「は、はい」とSO兄さんが手を上げて、おびえるように

「初雪や、……初雪や……」

「初雪や？　その後はなんだい？」

「へぃ！　初雪や、こりゃどう見ても初雪だ」

そのきまり悪そうな顔に皆笑い転げました。

それから堰を切ったように次から次へと句を出しましたが、誰もが唸るようなものはひとつも出ませんでした。落語の「雑俳に出てくるような迷句ばかり」でしたが、お内儀さんと遊んだ楽しい思い出です。

6　初めての用事

弟子入りしてからしばらくは師匠もなかなか用事を言いつけてくれません。なにしろ師匠は照れ屋でしたから「あのよー」とか「おう」とか、名前すら呼んでくれません。こちらが照れるならともかく師匠が照れるのはなんとも可愛いではありませんか。もちろん半年もすればきっちりと呼んでもらえます。

前座修業が一通り終わっても、「おう！　さん喬！」などと呼ばれると一瞬身が引き締まったものですが、古参株の弟子をさん付けで呼ぶこともあって、師匠からさん付けで呼ばれた方の決まり悪さったらありません。また無理な頼みをするときにもさん付けで、「ちょいと、さん喬さん……」なんてらしくない気味悪い声を出したりするのが、また師匠の可愛らしいところではあるのですが、師匠はこわい存在でいたほうがいい、可愛らしい師匠では弟子が照れる。

私が初めて師匠から名前を呼んでもらったのは、入門して十日ほどたった頃。道場で剣道の素振り稽古をしていた師匠が大きな声で、初めて私の名前を呼んでくれた。

「おーぃ、小稲ぇ〜っ」

あ、師匠がおれの名前を呼んだ！　と思いましたが、呼ばれた緊張で背筋がピシッと伸びて、「ふあい」と震え声で返事をし、小走りに道場の師匠の元へ。

「はい、し、師匠！　な、なにかご用ですか？」

師匠が私の名を呼んだのも初めて、私も師匠に「師匠！」と言うのは初めて。緊張の極致です。

師匠は竹刀立てから竹刀を差しては出し、出しては差しながら、

「あのなぁー、冷蔵庫に焼き鳥が入っているからそれを温めつくれ（てくれ）」

ガクッ！　何かと思えば焼き鳥を温めるだけ……いやいやこれですぐ温めてしまったら間抜けというもの。師匠はまだ胴着を着けている、そこへ「へい、温めました」と持って行けば

「剣道着のまま食うわけねぇだろ、そのくれいのことがわからねぇのか」とか言われて初めてのご用はマイナス五点になるのは必至。

私は落ち着き払って「師匠、すぐ温めてよろしいですか？」

「いや、先に風呂にへえるから」

「はい承知しました」

師匠は「小稲はなかなか気がきく奴だ」と思ったかどうかはわかりませんが、とにかく一点は稼いだ。

私は台所へ行って冷蔵庫を開け、なるほど夕べどこかからもらってきた焼き鳥の折が紐も解かずに入れてある。紐を解き折をあけると焼き鳥、ねぎま、はつ、つくね、砂肝、手羽、しし唐とけっこうな数が入っています。師匠が稽古を終えて、風呂に入ったのを見届けて、それぞれを焼き始めました。ビールでも付けたら喜ぶかなあ、などと馬鹿なことを考えながら、これ以上丁寧に焼けるだろうかと思うほど丁寧に焼いた。台所じゅう焼き鳥の匂いでいっぱいです。

師匠が風呂から上がって居間の定位置（掘りごたつ）に腰を下ろしてからやや時を置いたところで、

「師匠お待ちどうさまでした」

「うん」

師匠は湯飲みのお茶を飲みながら、むしゃむしゃと食べ始めた、私はお盆を持ったまま、な

んと言われるか、師匠を見つめていると、

「おい、小稲！」

ふたたび名前を呼ばれたことに喜ぶよりも、何かしくじったかと一瞬青ざめた。

「うめぇよ、なかなか上手く温まっているよ、うん！　うめぇ、うめぇ」

砂肝を食べながら「うめぇ〜うめぇ〜」、つくねを食べながら「うめぇ〜、うめぇ〜」、まるで山羊……こんな狸のような丸顔の山羊はいないでしょうが、実に旨そうに、よく串が口に刺さらないものだと思うほどの速さで食べてくれました。

また一点加算された！　なんて思う余裕などありません。ともかく初めて仰せ付かった用事を果たせたことがうれしかった！


前座の頃は師匠のお供でいろいろな所へ連れて行っていただきました。行く先々で土地の名物や、珍しい物をご馳走になったことも、師匠と一緒に居させていただくからだと、いつも思って美味しくいただいたものです。

ただ、師匠は食べるのがともかく早い。

弟子入りしてしばらく経った頃、師匠のお供で目黒のさる有名な結婚式場へ行く途中、

「おう！　向こうで食事ぐらい用意してくれてるだろうな？」

「さーぁっ？　どうでしょうか」

「食事くらい出してくれるだろ！　えーっ？」

「さーぁっ？」

「ださねいかな？」

「さーぁっ？」

「どっちかな？」

「さーぁっ？」

「この野郎、さーぁっ！　さーぁっ！　って雨じゃあねいや。腹減るな！　中華そばでも喰っていくか」

と、権之助坂のラーメン屋へ。カウンターに並んで腰掛けると即座に師匠が、

「中華そば、二つ！　と餃子二つ！」

五分もしないうちに「おまちどうさま」と目の前に置かれた丼からはもうもうと湯気が立ち、師匠は、そのドンと置かれた丼を手元に引き寄せて食べ始める。その早いのなんの！

「ふーふう、ふうーふー、つる、つる、ズルズル、ペチャペチャ」

とにかく丼から顔が上がらない。一度顔を上げたその時には、丼の中身は半分以上なくなっています。そうして鼻水をずる〜っとすすって初めて一言、

「熱いな!!」

この熱いラーメンをよくまあこんなに早く食べられるものだと感心しながら、私も後れをと

ってはならじと、口中の火傷《やけど》もなんのその、師匠の顔と丼の中を覗きこんでは残量を確認しつつ悪戦苦闘。そんな私を尻目に師匠はすでに食べ終わり、爪楊枝を使いながら、私の丼の中をチラチラと見ている。私は味もわからないままなんとか食べ終わり、涙と汗を拭き拭き、

「ご馳走様でした」

師匠の「もういいのか？」との言葉に返事を「ふぁ〜い」とするも、口の中がひりひりぴりぴり、上顎《うわあご》の皮は火傷で剝けていました。


こんなこともありました。寒かったこと以外、どこの地方の駅だか忘れてしまいましたが、ホームで列車が到着するまで、十五分ほどの時間を待っていた時のこと。気忙しく列車案内のアナウンスが流れてきました。

ふと、ホームの端に立ち食い蕎麦のスタンドがあるのを見つけた師匠は、

「おう、まだ時間があるな、蕎麦喰うか？」

「時間ありませんよ」

「でいじょうぶだよ。かき揚げ蕎麦二つ！」

えーっ、かき揚げなんて、時間がないからかけ蕎麦にしときましょうよ、なんて言えるはずもなく、「まもなく二番線に上り……」という列車案内が聞こえているのかいないのか、もう割り箸を持って蕎麦を待つ師匠。

「お待ちどうさま」の声と同時に割り箸を歯で嚙んでパキンと割ると、

「ふうふう、ズルズル、ハーハー」

私も「ふうふう、はーはー、熱っーっ」

スピーカーから一段と大きな声で
「まもなく二番線に上り……、白線よりさがって――」

私は「うるせー！」と怒鳴りたいのをグッと我慢してひたすら食べました。師匠は余裕でつゆをごくごく、さらには水をごくごくと飲み干してスタンドを出て、爪楊枝を使いながら乗車口まで戻っていきます。と、そこへ列車がちょうどいい具合に入ってきました。

「旨かったな！」

ほうほうの体で追いついた私は上顎を舌でさぐりながら「ふぁーぁ」と答えたものです。

それでも師匠と二人で食事をする機会に恵まれるのはうれしいものです。特に話すことなど何もなくても、その場を師匠と二人きりで共有できるのはなんだか妙にうれしい。ただ、「過食の責め苦」さえなければ――。

目白の駅前に精華園という小さな中華そば屋があり、師匠はよくその店へ出かけて食べたり出前を取ったりしていました。ある日師匠のお供で仕事にでかけ、その帰りにその店へ立ち寄りました。

師匠は店に入るやいなや、

「ラーメン二つに、カツ丼二つ」

そうです。師匠は一つでは絶対に物足りない。必ずと言っていいほど二種類頼むのです。しかしカツ丼にラーメンはちょっと、そんなに食えませんなどと逆らうことは出来ず……。

まずラーメンが運ばれてきて、師匠は相変わらずの速さでラーメンを平らげる、その頃私はなんとか涙を流さずにラーメンを食べられるようになっていました。問題はカツ丼。師匠は丼のふちに口を付け、かっ込むようにして、カツも玉葱も嚙まずに（いや、多少は嚙んでいたのかも）モグモグと食べ、半分食べたとこで箸をおいて私の食べ終わるのを待っていました。

「おう、これ喰いな」

差し出された丼に私はぎょっとして、それでも笑いながら、

「いえ、師匠もう食べられません」と言うと、師匠は丼をグイーッと近づけて、

「いいから遠慮せずに、喰いなよ」

「いえ、お腹いっぱいです」

「若えんだから喰えるよ」

「いえ、もう」

「もう、なんて、牛みていなこと言わねえで喰いなよ」

「お腹いっぱいですから」

「大丈夫、喰えるよ」

「いえだめです」

「喰えるよ」

「喰えません」

「喰え」

「無理です」

「喰えよ」

「喰えません」

師匠は真っ赤な顔をして、

「けーる（帰る）」

と言って立ち上がり勘定を払うと、さっさと出て行ってしまいました。

どうやら師匠を怒らせてしまったらしい。まずかった、どうしよう、と反省してみても「時すでに遅し」。気まずい思いをしながら、師匠の後を追いかけました。

師匠の家に着いて兄弟子に話すと、

「師匠に逆らう時は、噺家を辞める覚悟で逆らいな、そんなことに意地張ったって、誰も褒めちゃあくれないよ」

本当に食べられなかったか？　いや食べられたかもしれない、無理してでも食べていれば、師匠にも気まずい嫌な思いをさせずに済んだ——。師匠に恥をかかせたことに気づいて、初めて師匠の気持ちがわかった気がしてその足で師匠の部屋に向かいました。

「師匠、小稲です、すいませんでした」

「うん」

と師匠は応えてくれました。

●落語キッチン②　鰻

よくお客様から「食べ物は何がお好きですか?」と尋ねられる。

ご馳走してくださるのかもしれない!　ここぞとばかりに、

「そうですねー、日本料理は吉兆、鮨は鶴八、中華料理は店は選びませんが、フカひれの姿煮に燕の巣、熊の右手なんかが。フランス料理ならフォアグラのソテーにトリュフのスライスをたっぷり載せたもの、ロシア産のキャビアに一九八五年物のロマネ・コンティを少々……」

などと、見たことすらない料理を言い立てれば、「まあ!　グルメなんですね〜ハハハハ」でおしまい。ならばこちらも正直に。

「そうですねー、ラーメンとかお蕎麦、ハンバーグなんか好きです。そうそう、鰻なんかも」

「案外軽い物がお好きなんですね、じゃあ、鰻でも行きましょうか、どこかいいお店ご存じですか」

てなことになれば、しめこの兎《うさぎ》。敷居の高い高級鰻屋の名前を出して、さも常連顔をして暖簾をくぐることが叶う。

……といっても、成功したためしがないのだが。

いつか来るその日の為にも、今日も私はグルメ雑誌の立ち読みに余念がない。

知識は宝を生む!

忘れもしない、鰻を初めて食べたのは、噺家になった十八歳の時です。もっと詳しく言うと、昭和四十二年七月三十一日午後六時過ぎのことです。

入門した年の、落語協会恒例の「夏の寄り合い」の日とデパートの閉店時間という、これらの記憶を辿ると確実な時間や場所が限定されるのです。

うなぎ初体験のあらましは、こんな事でした。

被疑者・柳家さん喬は、昭和四十二年七月三十一日に千葉県・成田山新勝寺で行われた落語協会「夏の寄り合い」に協会員九十五名余と参詣し、その後割烹旅館梅屋大広間に於いて親睦会と称した宴会に参加。

その際、文楽・圓生・正蔵・小さん、超人気者の三平・圓歌、まだ若手だった、志ん朝・小三治・扇橋等が余興を行い、全協会員が抱腹絶倒……

——エーッ、どんなことがあったの、教えて教えて!

——ウオッホン、これは本件と関係なき事であるゆえ割愛いたします。

さて、被疑者は師匠・五代目柳家小さんの供をして午後三時過ぎの京成電車特急にて成田駅から上野駅に向かい、同駅より地下鉄銀座線に乗り換え銀座駅にて下車、デパート松屋銀座店へ向かった。

当日は、同店ギャラリーで開催されていた彫刻家・植木力氏の個展の最終日であり、展示作品の中に含まれていた五代目小さんの胸像を、展示会終了後に植木氏より贈呈される約束がなされていた。

しかしその胸像が大変重く、担ぎ手が必要とされ、被疑者は師の命にて同店に同行した。

無事植木氏より胸像を受け取り、その場を立ち去ったのが閉店時間の午後六時。

ここで師より「おい！　鰻を食いにいこうか！」と誘われ、いまだ食したことのない鰻なるものに大いなる抵抗を覚えたものの、師の誘いを断る勇気は出ず、未知の食い物への興味関心も抗いがたく、ついに禁断の一口を頬張ることとなった。

それ以来被疑者は鰻の虜となり、何かにつけて無意識に鰻に手を出すことになってしまったのであります。

裁判長。本件は決して自らが選んだ道とは考えづらく、師の甘言によってかような人間に作り上げられせしものと推察するものであります。

以上陳《の》べましたことを考慮して頂き、寛大なる裁定を願うものであります……と、何も裁判風に書く必要もないですが。

初めて鰻を食べた時、世の中にこんな旨いものがあるのかと思ったくらい美味しく感じました。

その時「噺家になって良かった。これからこんなに旨いものがいくらでも食べさせてもらえるなんて！」と、とんでもない罰当たりなことを考えました。

初めて恐る恐る口に入れたその鰻の味は、あの気味悪いさまとははるかに違い、柔らかく、それでいて身の焼き面はこんがり、ほのかな醤油の香りと独特の甘みが口に広がり、咀嚼《そしゃく》する口内でほぐれる身と、たれがほどよく染みたご飯とが混在し、やがて溶けるように口の中から優しく消え去っていく、その鰻の味に、体中が「う、う、う、うまーい！」と震えるばかりに反応した……とまで言うほどでもありませんが、でも世の中にこんな旨いものがあるのだと思ったのは確かです。

あれから四十年余、それ以上の旨い鰻にめぐり会えません。

確実にあれより旨い鰻を食べているはずなのですが、初めて師匠にご馳走になった時のあの喜びと感動と緊張がない限り、あれ以上旨い鰻にはもう出会えないのかなあ……。

いやいや、今度あなたがご馳走してくださる鰻こそは！

どんなものでも初めて出会うものはすべてに上質なものではなくてはいけないのではないか、と思います。

その上質なものを経験した者はまたそれに巡り会いたいと思い、リピートする。それは、私たちの演ずる落語もまさに同じだと思います。

寄席にお越しになるお客様は初めての方が大半を占めます。そのお客様が「つまらない、退屈……」とお思いになったら、二度とは来てはくださらない。

「面白い、楽しい」と思ってくだされば、いつか必ずまた来てくださる。

そのためにも、いつも上質な落語をお客様に提供しなくてはならないと考えます。

「噺家殺すにゃ刃物は要らぬ、欠伸《あくび》三つで即死する」なんてことにならないように。毎日鰻が食べられるように！

かの名人と謳われた八代目・桂文楽曰く「芸人は死ぬまで修業」。出来はしなくても、きっとそうだと思う。

この八代目桂文楽は「黒門町の師匠」と呼ばれ、私の大師匠（五代目小さんの師匠）であり、名人の誉れ高い噺家でした。楽屋でお世話させて頂けたことを今でも名誉に思っております。

この黒門町の師匠が落語好きの作家、久保田万太郎先生と話をなさっている時のこと――

「ねー師匠、鰻の一番旨い食べ方知っていますか？」

「さぁーっ、存じやせん」

「それはね、鰻丼をね、箸で納豆みたいにご飯ごとぐちゃぐちゃにかき回して喰うんですよ……」

黒門町の師匠は、「えらい話を聞いてしまった。確かにそれは絶対旨いであろう、でも余りにも品がなさすぎる。とても人前で出来る食べ方ではない。でもやってみたい、一人でこっそりやっても醍醐味に欠ける、それでは旨くないかもしれない……ああ人前でやってみたい！えらいことを聞いてしまった！」と思ったそうです。

この話を聞いた私も、えらいことを聞いてしまった！　やってみたい！　と思いました。

ひょっとして久保田万太郎先生も誰かから聞いて、えらいことを聞いてしまったと思ったクチだったのかもしれません。皆さんも聞いてしまいましたね、ハッハッハッ。

ちなみに黒門町の師匠の十八番の中に、『素人鰻』『鰻の幇間』という噺がありましたが文楽師匠自身大変鰻がお好きでした。

落語には他にも、『後生鰻』『うなぎ屋』の他、鰻（蒲焼）が出てくる噺がたくさんあります。

たいていの噺家は鰻が好きなんです、喋るのも、食べるのも。

しつこいようですが、私は鰻が大好きです！

しつこいようですが、いい店知っています！

しつこいようですが鰻の話、またしま〜す！

7　小さん師匠の料理番

師匠は剣道一筋、新しいものへはあまり関心のない方で、とにかく新しいものに対しては「物知らず」と言っていいくらいの人でした。初めてファクシミリを買った時、どこかへ試しに送ってみよう、ということになり落語協会へ初ファックスしたのです。

「寿、柳家小さん」と書かれた用紙が、グゥーンと音を立て機械を通り抜け下から出てくると、その紙をジーッと見ていた師匠は怪訝な顔で、怒るように、

「行かねーじゃねーか!」

なんと、ファックス用紙そのものが送られていくのかと思っていたらしいのです。

いくら世の中が進んだと言っても、物体の空間移動、実現にはまだまだ先の話ですよね。

こんな師匠でも食べるものについては意外に「新しもの好き」でした。

そしてこの師匠に初めてピッツァを食べさせたのは、この私なのです(エッヘン!)。偉いでしょ(偉かないか)。

今から四十四、五年ほど前の事ですから、師匠が五十歳半ば過ぎの頃であります。

私は師匠の「柳家小さん独演会」の北海道巡業へお供していました。もちろん前座として一

席喋らせて頂けるのですがこういう時師匠は「おい！　長くやれよ！」と言ってくださいます。前座で三十分も喋ればどやされるところを、存分にやらせていただき、高座から下りてくると師匠は私の顔を見て必ず「ウン！」と言って高座に上がっていきました。

四苦八苦して前座が三、四十分やることはお客様に迷惑ですが、私にはずいぶん勉強になりました。

そんな旅先の札幌に宿を取った時のこと、公演の後、

「おう！　飯喰いに行こう」

との号令にいそいそと付き従い、すすきの辺りを散策しておりました。

「おう！　何喰おうか？」

か、か、か、蟹！　……と喉元まで出かかっていたものの、

「何でもけっこうです、味噌ラーメンか塩バターコーンかなんか……」

と控えめな私。

「ラーメンなんかいつでも、喰えるじゃねーか。せっかく札幌に居るんだから、何か北海道らしい物を喰おうじゃあねーか」

と威勢のいい師匠。私は、ひそかにガッツポーズしながら、か、か、か、蟹……と口を開きかけたところ、師匠は一軒のにぎやかな建物に目をやっていて、

「おう、ありゃ、なに屋でい？」

言われた先を見ると、当時若者に人気が出てきたピザパイの大型店舗。

「ああ、あれは、ピザパイ屋ですよ」

「そりゃなんでい?」

「イタリアの料理で、チーズを使って焼いた日本のお好み焼きみたいなものです」

「ふーん、うめい（旨い）のか?」

「結構人気ありますよ、師匠は召し上がったことはありませんか?」

「うん、喰ってみるか」

と、店にずんずん入っていくじゃあありませんか!　さっき北海道らしい物を喰いたいと言っていたのに、ピザパイなんか東京で食べられるのに……。師匠はさっさと席に着いてキョロキョロ。メニューを見ては、

「なんだか良くわからねーなー、おめい（前）決めてくれよ」

私だってその頃ピザなどそんなに親しい食べ物ではありません。とにかくミックスなら間違いなかろうと注文しました。

さらに健啖家の師匠は、

「スパゲッチもあるのか?」

「は、はい」

「あけ（赤）いやつ、頼んでくれ」

「はあっ？」

「ソウセージやハムの入ったやつだよ」

「あー、ナポリタン」

「ウン、そんなやつだ」

やがて運ばれてきたピザパイとスパゲッティにタバスコをたっぷりかけ、

「かれー（辛い）な、でもうめー、でもかれー……」

と言いながら初めてのピザパイを平らげたのでした。

「旨かったなー、東京にもあるのか？」

あるに決まってるでしょ！　オイラの蟹、蟹、蟹、かに〜っと声にならない叫びをあげてただ頷くのみ。しかし、ともあれそれからピザは師匠のお気に入りになったのです。


やがて私は師匠の食事係になりました。北海道での一件があったため、師匠に新しいものを食べてもらおうといろいろと試すことにしました。まずは健康のために生野菜。師匠はサラダなど好む訳がありません。「俺は兎じゃねえ！」とか言って箸もつけない。

そこで箸をつけたくなるように工夫をしてみました。まずは見た目。洋食屋で出す野菜サラダそっくりに飾りつけ、ハムやゆで卵で形良く盛り付け、ドレッシングも工夫をして出すとお気に召したのでした。やがて師匠は自分でドレッシングを買ってくるまでになり、朝急ぐ時などは、「おう、サラダだけでいいぞ」と言うまでになりました。こうなるとこっちも、頭《ず》にのって、「もっと工夫を凝らして出さなくては！」と思うようになるものです。

ある時、北海道でのピザのことを思い出し、朝の食事に「ポークピカタ」を出してみることにしました。

箸の代わりにナイフとホークをならべ、実家の洋食屋「キッチンイナバ」で出しているポークピカタそのままに作り上げたところに得意のサラダを添え、師匠の前に差し出します。

師匠は見慣れぬ料理の皿を怪訝そうに覗き込み、

「おう、こりゃなんでい？」

私は得意げに、

「ポークピカタと言う料理です！　豚肉のロースを焼いてそれを卵ではさんで焼きこんだものです、西洋のお好み焼きみたいな物です！」

師匠はニコニコ聞いている。

私は「へへ、こりゃ師匠、はまったな（気に入った）」と思いました。が、ひと切れ口にした師匠は、私の顔をジーッと見て大声で、

「朝っぱらから、こんなもの喰えるかーっ！」

何も言わずそーっと皿を下げました。

師匠のために手を掛けてこしらえたポークピカタは前座の朝のおかずとなり、皆「旨い旨

い」といって食べてくれました。（あたりまえだ！　ポークピカタだぞ！）

それからしばらくの間、師匠の朝のおかずは無難に「鮭と玉子焼き」だけになったのは言うまでもありません。

8　破門騒動

昭和四十二年頃、寄席で一日働いていただける前座のお給金は、目白の師匠の家に行って、寄席を務め、吾妻橋の家に戻る交通費でなくなります。寄席の場所によっては足が出ます。とりわけ夜席《よるせき》などは終演が九時半過ぎですから、お腹はぺこぺこ、目はかすみ、歩行もままならない、とまではいかないものの、とにかくお腹は空いているが一日の給金ではとても夕飯までは手が届かないという困窮状態。そんな時、先輩や真打（トリ）の師匠が「何かのせて（食べて）帰ろうか」と誘ってくれた時など、楽屋の裏で小躍りして喜んだものです。

先輩たちも前座の生活が苦しいことは知っていますから、時々仕事を回してくれます。「小遣い稼ぎにしかならないけど○月○日空いてる？」とでも聞かれようものなら、百年馴染んだ猫のように、「ごろにゃ〜ん！　兄《あに》さんのために三百六十五日空けてありますよ〜ん、ごろにゃ〜ん！」と、どこからこんな声が出るのかと思うような声で応えたものです。

そんな頃でした、講釈師の大御所から、

「小稲くん、五日ばかり九州の方へ旅仕事に行ってもらえないかね」

と声が掛かりました。私は即座に、

「はい、空いてます！　よろしくお願いいたします！　ありがとうございます！」

と、何も考えもなしに返事をしてしまいました。その頃、前座が師匠のお供以外で長い間旅仕事に行くなどもちろん許されません。時と場合によっては許してもらえますが、それにしても師匠に事情を話し、許しを得てから返事をするべきで、その場で即答するべきではないことは明らか。もちろん私だってそのくらいのことは重々承知はしていたのです。

ただ、以前に師匠に言い付かって他の師匠の旅仕事に付いて行ったことがありました。その際に旅先から絵葉書を出したところ、師匠がいたく喜んで下さった、そのことがちらっと頭をかすめたくらいのことはあったかもしれません。他の兄弟弟子が、時々師匠の家へ行くのを適当に休んで仕事へ行っていることも知っていましたし、「まあ、自分もいいか！」と甘えの虫が顔を出したのも確かですし、お金や行き先に目がくらんだことも間違いありません。今でこそ、北海道だ、沖縄だと、当たり前のように仕事に行かせていただいていますが、当時、九州などは夢の地でしたから。

即答したことをぐずぐず反省しながらも、でももし師匠に話してだめだと言われたら、その講釈の先生になんと言ったらいいだろう（謝ればいい）とか、他の弟子もしてるし、自分だって少しぐらい（五日間を少しとは言わない）とか、あの先生に頼まれたんだから、師匠だって何も言えないだろう（あの先生も、この先生もない）とか、自分の都合のいい解釈ばかりして、結局師匠には言いそびれ、当日になってしまいました。弟弟子だけにこれを伝えて、私はのうのうと九州の地へ向かったのです。

仕事は、観光バス十二台を連ねた岐阜の団体旅行のお相手で、バスの中で退屈しのぎに落語をやるという仕事でした。同行したのは同年代の講釈師の卵（今は大看板、講釈界の重鎮です）。落語家の卵と講釈師の卵とが二人で、観光地や休憩所にバスが止まるたびにそれぞれのバスを乗り換えて、「どーも！　柳家小稲でーす、みなさーん、お疲れではありませんか」などとご機嫌とりつつ、正味四日間、真夏の暑い九州の地を二人の卵はゆで卵になるほどに働いたのでした。

観光地を転々とはしましたが、夢の地を味わうヒマなぞまったくありません。どうにか仕事を終え、吾妻橋の実家に帰ってきたときは憔悴しきっていました。けれどもなにか胸騒ぎがして、師匠の家に電話をしました。師匠が出ないことを願いつつ、果たせるかな、弟弟子だけが留守番をしているところでした。

「もしもし、小稲ですが」

「兄さん！　大変だよ！　師匠怒っているよ！　断りもなしに旅なんぞに行きやがって、首だって言ってるよ！」

「●△凸凹?!　うーん、わ、わ、か、か、った、じゃあ」

電話を切ってから想定内のことにどう対処してよいか考える余裕もなく、ただ畳の上に大の字になって天井のシミをジーッと睨んでいました。

あくる日、私は師匠宅へ朝早くに行って、師匠の部屋の入り口の前に正座をし、師匠が起きるのをジーッと待ちました。三十分ほどだったと思いますが、二時間にも三時間にも感じられました。

やがて部屋の中で師匠が起きた音がしました。

「し、師匠、お、おはようございます、こ、小稲でございます、勝手なことをしてスイマセン」

部屋の戸が開いたかと思うと、

「この馬鹿野郎、何で断りもなしに旅へ行くんだ、でいいち俺がだれに頼まれたかも知らねぇでいたら、その人に会った時に礼も言えねえじゃねえか、俺が恥をかくんだ！……」

お叱りの言葉を聞いていたのは、わずかの時間だったのでしょうが、私にはたいそう長く感じられました。

「そのくれぇのことがわからねぇのか馬鹿！」

「すいません」

「おめいみたいなやつはやめちまえ！」

でたーっ！

私は身体中に電気が走ったような気がしました。

その時、奥からお内儀さんが出てきて、

「おとうちゃん、小稲はこんなこと初めてなんだから許しておやり」

師匠はそのお内儀さんの言葉に特に返答もせず、

「もういい、下に行け！」

私は青菜に塩で「はい」と小さく答え、すごすごと下におりて台所の片隅で小さくなっていました。兄弟子たちも心配そうに私の顔を見て、

「どうだった？」

「お前なんか、噺家やめちまえって言われました」

「そうか、大丈夫だよ」

「もう駄目ですよ。あああーっ」

自分が情けなかった。師匠に黙って旅に行くことがいかに道に外れていることか、それをわかっていながら黙って行ったのはこのおれだ。世の中すべてを甘く見ていたのはこのおれだ。台所の片隅で身体を硬くしているこのおれだ。破門を言い渡されても当然だ。

「おーい、小稲！」

しばらくして、師匠が二階から私の名を呼ぶのが聞こえました。周りのみんなが一瞬動きを止めて息を呑んだのがわかりました。

「はい」

と、さっきの蚊の鳴くような声から、半ば覚悟を固めた声になっているのが自分でもわかりました。一気に二階へ駆け上がります。

師匠は、たとう（畳紙・着物を畳む時に使う厚手の紙もしくは保存する紙）を前にして立っていました。畳に両手を着いて、破門覚悟で師匠の前に座ります。

「はい、師匠」

「おう、この着物畳んでおいっくれ」

師匠はそう言って部屋に戻っていきました。

「は、は、はい」

た、助かった……。その思いで胸がいっぱいになりました。弟子は他にも大勢いるのです。なのに、「おめいなんぞやめちまえ」と、たったいま叱った弟子をわざわざ呼びつけ用を言いつける、まるで何ごともなかったように。その弟子（この場合、私）はどれだけ救われたことか。本当の優しさは言葉で懇々と言うのではなく心で伝えるものなのだ、私の師匠五代目柳家小さんは本当の優しさを持っている人だ、これは決して許してもらえたから思うのではありません。ああ、もうこの人、この師匠のためだったら何でもしよう。

私は凍りついた氷が解けたような気持ちで着物を畳みました。この時畳んだ着物の柄や手触りはいまでも覚えています。

「師匠、着物畳みました」

と師匠の部屋に声をかけると「おう」と答えがありました。

「他に何か御用は？」

「ない」

「はい、ありがとうございました」

「……」

「失礼します」

台所へ戻ると兄弟弟子たちは目で「よかったな」と言ってくれました。

●落語キッチン③　肉

一つの仕事や計画に一区切り付くと、労をねぎらう「打ち上げ」と称した飲み会をやる慣わしがこの国にはあります。あくまでも「労をねぎらうこと」が目的ですが、われら噺家の「打ち上げ」は労をねぎらうことが目的ではない、なぜなら「労」などということはしてないから……。

そもそも昔は「打ち上げ」なんてありませんでした。寄席がはねた（終演した）時にトリ（その興行の主任）の師匠が、最後まで残って師匠方の噺を勉強していた若い者に、

「おい！　軽く行くかい？」

なんて声を掛け、自分の行きつけの店へ連れて行き、ご馳走してくれる程度。その時に聞かせてもらえる芸の話が、若い者たちにとっては一番のご馳走でした。

「昔、何代目の師匠はこうだった、こんな時に、あの師匠はこうしていた、昔こんな芸人がいた、俺の若い時はこうだった、このくすぐり（ギャグ）は……」

昔の楽屋話やしくじり話に腹を抱えた。なんとも楽しかった。ふとした話に、思わず目から鱗が落ちることもよくあった。うちの師匠の話はいつもそうでした。我々はただただ目を見張り、師匠の話を聞いてはハラハラと鱗を落とし続けた。

すると師匠は、

「なあ、おめい（お前）たちは今そうやって感心して聞いているがな、明日の朝、目を覚ましたら忘れちまうさ！」

「いいえ師匠、とんでもありません。絶対忘れません！」

「忘れるさ！」

「忘れません！」

「忘れるさ!!」

「忘れません!!」

あくる朝、目を覚ますと……？　師匠は正しかった！


近頃は打ち上げというと、焼肉が多くなりました。若い人が増えたせいかもしれませんが、だいたい噺家には「牛肉＝高級」信仰が根強くあるんです。肉に群がることハイエナのごとしで、実際に前座、二つ目が手銭で焼肉を好きなだけ食べられるような収入はありませんから、師匠方がご馳走してくれる焼肉は千載一遇のチャンスなのです。

しかし、肉からタレが落ちることはあっても、近頃は目から鱗が落ちることはあまりないようでして。それでも「ワイワイ、ガヤガヤ、フムフム、ハハハ」と大勢が楽しめて、連帯感を持つことが出来るのが焼き肉の効用というもの。芸人同士が楽屋で会うことが昔より少なくなった当世、大切な機会には違いありません。

さて、落語に肉を食べることを表現する噺はほとんどありませんが、『二番煎じ』という噺では「猪鍋《しし》」が主役となります。

真冬、ある町内の旦那衆が二組に分かれて火の廻り《し》をすることになった。先に済ませた組が番小屋へ帰ってきて、禁じられている酒を飲んで寒さに凍えた身体を温めようということになる。

が、徳利で飲んでいて役人に知れてはまずいから、土瓶に入れて飲むことにする。すると用意よく猪の肉を持ってきた者がおり、猪鍋をこしらえる。食べた事のない連中もその旨さに箸の取り合いになってしまう。この猪鍋を食べるやり取りが何とも可笑しい。江戸の時代、たとえ猪でも肉を食べることがいかにハイソサエティーのものだったかが知れる。

そこへ役人が突然見回りにやってきた!

旦那連中はパニック、あわてふためいて土瓶を隠し、猪鍋を火傷《やけど》覚悟で尻の下に敷き、何とか酒を飲んでいたことを隠そうとするものの、それを察した役人が、

「いま、拙者が入ってきた折に土瓶のような物を隠したが、あれはいったいなんだ」

と詰め寄る。

返答に困って、

「風邪薬を煎じておりました!」

と答えると、役人は、

「それは重畳《ちょうじょう》（都合がいい）、拙者、両三日以前（二、三日前）より風邪を引いておる、その煎じ薬を所望いたす」

恐る恐る酒を出し、固唾を呑んで見つめる旦那衆。酒を飲み干し険しい顔の役人。

「うーむ、なかなか結構な煎じ薬だな！　もう一杯所望いたす」

旦那連中はホッとして何杯も勧めるが、自分たちの飲む酒がなくなってしまうのに気がつき、

「お役人様に申し上げます、煎じ薬がこれで仕舞になってしまいました」

「そうか……それでは拙者もうひと廻りして参る、その間に二番を煎じておけ……」

と、この噺の下げはあまりにも有名ですね。

真冬、しびれる寒さの中、隙間風が吹き込む番小屋で、皆が囲炉裏を囲み、役人が調べに来るのを承知で隠れて酒を飲み、猪鍋をふうふう言いながら突っつきあい、愚にもつかない話に花を咲かせる……そんな様子は、噺の中だけでなく、実際の当世打ち上げの席で見る噺家の姿と重なって見えます。

師匠方の様子をうかがいながら酒のお代わりをして、焼き上がった肉を「ハフハフ」言いながら口に放り込み、酒がなくなれば、「二番を煎じて、おくれ！」と後輩に言いつける。そんな様子はいつの間にか『二番煎じ』の世界にいるようにさえ思えます。

昔々その昔、ある偉大なる噺家の家で実際に起きた珍騒動をお話しいたしましょう。

当時その噺家の家には七人の弟子がたむろしておりました。もちろん他にも弟子がいました

が、みな真打になったり、それに近い先輩たちで、偉大な噺家の家に来ることはもう滅多にない。

残っているこの七人は一日中仕事もなくゴロゴロし、当時人気のあったマカロニウエスタンの大ヒット作にあやかり自分たちを「今夜も（荒野の）七人」と言っていたとかいないとか。ともかくこの「今夜も七人」のお話です。

真冬のある日、その偉大なる噺家が「今日は、俺も内儀《かみ》さんも泊まりで、留守にするから間違えのねえように留守を頼んだぞ！」とゴロゴロ七人衆の中の一人に言いつけて出かけて行った。

すぐにその一人からゴロゴロ連中に伝達がなされた。ゴロゴロしていてもそこはきちんとしている。ただのゴロゴロではない。そして、主《あるじ》のいなくなったその家で、ゴロゴロ連中のゴロゴロが更にゴロゴロとなっていくのは想定の範囲内だ。

そうしている内に、ゴロゴロの中の最もゴロゴロ（超ゴロ）が、

「なーみんな！　今夜何か用事あるの？」

と聞いた。一斉に、

「なーい！　今夜も七にーん」

と無駄に大きな声が返ってきた。超ゴロはすかさず続けた。

「今夜は親父もおふくろもいねーんだからさー、すき焼きでも食いたくない？」（そう、何を隠そう、この超ゴロは、その偉大なる噺家の息子だった）

他のゴロは耳を疑った。

「す、す、す、すき、や、きーっ」

「嫌《いや》?」

「すきーっ!」

これで話は決まったかに思えたが、良心的なゴロが、

「でも、すき焼きの材料どうするの、お金ないすよ」

と声をあげた。超ゴロは、

「おふくろから預かっている台所のおわし(お金)があるだろ、それで駄目かなー」

と諦める様子はない。

「いやー、そりゃーまずいスよ」

「いいよ!」

「よかないスよ」

「じゃー多数決で! 賛成の方ご起立願います」

良ゴロ以外の全員が起立した。

「起立多数と認め、この法案は可決いたしました」てなことで、私の抵抗も虚しく……賢明な読者の皆さまはとっくにお察しのことでしょうが、この「偉大なる噺家」とは五代目柳家小さんなのであります。

えっ? 「私」は抵抗なんかしなかっただろうって? いーえ、そんな、いや、はい。

そして当然のように私が腕まくりをして料理番、酒やビールも調達し、葱を山のように入れ、猫も横向くような上等な筋肉（安い肉でも量さえあれば！）を皿一杯に盛り付け、「今夜も七人」のすき焼きパーティの幕開き。

今のようにすき焼きのタレなどありやしない。醤油、砂糖、みりん、酒などで適当に割下をこしらえて、ワイワイ、ガヤガヤ大騒ぎ。

「う、う、う、め〜っ」

山羊みたいな声があがると思えば、

「おい、お前、肉ばかり食うなよ」

「なに言ってんだよ、ネギだって食べてるよ」

と『二番煎じ』そのものの会話が飛び交っていたその時、門の戸が開いたことには誰も気付かない。庭を歩く雪駄の後金《あとがね》の音は「ワイワイ、ガヤガヤ」にかき消されたが、さすがに玄関の開く音「ガラガラガラ」にようやく気づいた今夜も七人ゴロゴロ連！

「おう！　今帰（けえ）った」

「し、し、し、師匠だーっ」

「ウオーッ、ワーッ、ギャーッ、ドースルーッ」

声にもならない声を上げ、あるゴロは酒の瓶を隠そうとし、あるゴロは鍋を隠そうとして鍋にいきなり手をかけて、

「ギャーッ、熱いー！」

　便所に逃げ込もうとするゴロ、肉を口に頬ばったまま「ムグムグ」言っているゴロ。なぜか、割り箸だけを手にして中腰でフリーズしている超ゴロ……。全員が面白いように固まった。

　私はつくづく「二番煎じという噺は実に良く出来ているなーッ」と感心しました。だって噺そのものの光景が目の前に展開しているのですから。

　ところで帰って来るはずのないこの家の主が帰ってきたのは、この話を聞きつけたとある先輩が「今夜も七人」を脅かしてやろうと企んだことでした。それがわかった瞬間、皆体中の力が抜けその場へへたり込んだ。

「兄《あに》さーん、洒落にならないですよ」

　その兄弟子が笑いながら、

「お前たち、ここで何をしてたんだ」

　皆、先輩を睨みつけながら、

「へい！　風邪薬を煎じておりました」

9　お内儀さんのまぶた

「早《はや》ぐ、ご飯、食べっちゃいな！」

これは、師匠のお内儀さんが朝食の時に必ず言うフレーズ。

師匠のお内儀さんは「ふくすま（福島県）」のご出身でしたから、東北訛りが言葉の語尾によく出ていました。ご当人は標準語で「早くご飯を食べなさい」と言ってるつもりのようでしたが、弟子たちはよくお内儀さんの口調を真似したものです。

私が師匠五代目小さんに入門を許されたその日、お内儀さんが師匠に向かって、「この子に名前をつけておやりよ」と、福島訛りの残る口調で言ってくださった話はしました。

お内儀さんは使う言葉はとてもがさつ（失礼！）でしたが、実に優しい方でした。

それに大変質素な方で、着る物や食べる物、身につける装飾品などにお金を掛けるような人ではありませんでした。

その歯に衣着せぬ物言いのキャラクターが受け、「徹子の部屋」に出たのをきっかけに、テレビのトークショーなど頻繁にお呼びがかかるようになります。

その途端、何度も同じ着物でテレビに出るのは気が引けるのか、質素を旨とするお内儀さんが着物をやたら新調するようになったのです。

ご贔屓《ひいき》の駒込の呉服屋さんに私もよく走らされました。

お内儀さんは師匠の着物（衣装）には無頓着でしたが、それでも五度に一度は師匠の着物を誂えるようになりましたが、女物の方が値の張るのはご存知の通り。

師匠はあまり衣装に凝る方ではなかったので、さして不満を言ったことはありませんが、それにしてもお内儀さんが師匠に誂える着物のほとんどが、値の張らない紬《つむぎ》でした。師匠はそれについては何も言いませんでしたが、おそらく師匠が常日頃衣装として選んでいたのが落語を喋る上で噺の内容に左右されることのない黒紋付だったからでしょう。

師匠の着物を仕立屋に持って行くのも私の役目でした。これは、そのお宅を知っているのが私だけだった、というにすぎませんが。

その頃、師匠の着物の仕立てを専門になさっていたのは、台東区の入谷に住んでいらした四代目柳家小さん師匠の姪御さんでした。

「お、すまねえ、これ冨貴ちゃん（本名は小林冨貴子さん）とこ持ってってってくれ！」

と師匠に頼まれてうかがうと、若い頃の師匠の話や四代目の師匠の話をしてくださり、お茶やお菓子、時にはご飯までご馳走してくださり、その上電車賃までくださったものです。

そんな「冨貴ちゃん」のところへお遣いに行くのはとても楽しみでした。

お内儀さんが見立てた紬の反物を持って行くと、生地を見ながら冨貴ちゃんは小気味いい江

戸弁で、

「盛ちゃん（師匠の名は盛夫）は紬が好きだねー」

と言いながら、にこにこ昔話をしてくれたものでした。

「昔っから固いものしか着ないからねえ。帯を上の方でする癖があるから裾が上がっちまうんだよ、だから少し長めに仕立てるのさ！」

帯を上に結ぶ師匠！　四代目の師匠に弟子入りした時の駄々っ子のような師匠の姿が目に浮かびます。

「だけど盛ちゃんのあの外股で歩いちゃうとさ、どうしても着物がきれいに見えないしねえ」

そうか、男でも着物を着たらやっぱりきれいに見せなきゃいけないな、ばたばた歩いちゃいけないな、と冨貴ちゃんのところではいろいろ勉強させてもらいました。


そうそう、お内儀さんの話でした。

私は、お内儀さんのお供でよくテレビ局へ付いて行くようになりました。

若尾文子さんの美しさに目を見張ったり、十朱幸代さんの可愛らしさに口を開けっぱなしだったり、デビューしたての今陽子（ピンキー）さんや和田アキ子さんがあちらこちらに頭を下げているのを見ながら「頑張れ！」と思ったり（お前が頑張れ！）、佐川満男さんや平幹二朗さんをカッコいいと憧れたり、小川宏さんの名司会に感心したり、河内桃子さんの美しく優しい物腰に感動したり――何に接しても、「たり！」ばかり。そんな中で少しも物怖じしないお内儀さんに「大したものだなー！」と、思ったりしました。

ある日、お内儀さんが目に眼帯をして、外から帰ってきました。

「お、お内儀さん、どうしたんですその目⁉」

「……」

返事がない。

「どうしたんです？」

「なんでもないよっ！」

大変ご機嫌よろしくない。弟子たちはそれ以上聞こうとしませんでした。

二日ほどして眼帯を外したお内儀さんの顔を見て、もう驚いたのなんの！

二重瞼になっているではありませんか！

弟子たち一同は唖然愕然茫然……。

どうやらお内儀さんは、師匠が長旅に出ている間に二重瞼の手術をしてしまおうと考えたようです。でも、両目を一時にやる勇気もなく片方ずつやったのでした。

旅から帰ってきた師匠にお内儀さんは、福島訛りで「どうーだぁい！」と得意げに、顔を、いや目を突き出しました。

師匠は「お、おっ！」と言ったきり、そのまま二階に上がって降りてきませんでした。

やがてもう片方の目も手術をし、果たせるかな、お内儀さんは両目とも二重瞼になりました。それから何か変わったかと言えば……ただ、二重瞼の手術をしたという事実が残っただけです。テレビに出るようになってから、

「あれっ！　ほらあの小さんの奥さんよー、意外と地味ねえ」

なんて囁かれたり、時々道行く人に声を掛けられたりするようになると、タレントでなくても服装や容姿が気になる、そこは女性だけにやっぱり少しでも若く美しく見てもらいたいのだろうなー、二重瞼にしたい気持ち、わかるなー！　なんて思ったりもしましたが、お内儀さんのその二重瞼はとても重たく見えました。

お内儀さんのことではこんなこともありました。

前座の頃、吉原で唯一昔の面影を残していた料亭松葉屋（昭和四十五年当時）で月に一度落語会が開かれていました。これに出演する噺家は後世に名を残す名人ばかり。私はレギュラーの前座として裏方を務め、師匠方の芸に触れることが出来て勉強になるばかりか、楽屋で退屈しのぎに私などに話しかけてくださることの嬉しさに、この松葉屋さんの落語会に行くのが楽しみでした。

ある日前座で一席申し上げるべく高座に上がろうとしたまさにその時、客席の入り口の戸がゆっくりと開くと客の目が一斉にそちらを向き、どよめきが起こりました。

森繁久彌、三橋達也、三船敏郎、石井好子、淡島千景……錚々たる方々の後に入ってきたのは……われらがお内儀さん！　スターのみなさんが入ってきたことより何より、これには身が凍りつくほど驚いた！

「なんで、お内儀さんがここに？　なんで？」

頭の中が一瞬真っ白、ハッと我に返ると出囃子が鳴っていました。気持ちを立て直すことも出来ず、恐れおののきながら高座に足をかけました。

師匠方の前を汚すだけならかえって喋らない方がいいくらいですが、そうも行きません。総身の血を頭に口に集め、『高砂や《たかさご》』という噺を一生懸命喋りました。

あとで知ったことですが、当時〈大正会〉（各界の大正生まれの方々の会）というのがあり、師匠の出演日に合わせて松葉屋で食事会をしたのだそうです。

あくる日、いつものように師匠の家へ行くと、

「小稲！　ちょっとおいで！」

と、お内儀さんに呼ばれました。

「おまえ、昨日、森繁さんや私やみんなが聞いていたから、いつもより臭く（表現過多に）やったんだろ！」

図星だった。

「だろうね！　だけど家《うち》のお父ちゃん（五代目小さんのこと）の若い時はあんなもんじゃあなか

ったよ！」

自分の持てる力を出し切ったつもりでも、師匠の若い頃を知っているお内儀さんには物足りないくらいだったなんて！

師匠のあの研ぎ澄まされた奥深い噺は、若い頃過剰なくらいに演じながらもそれを長い間かけてそぎ落として創り上げられたものだと、「若い時はあんなもんじゃあなかった」の一言で教えてくださいました。

〈八百春〉という雑司が谷の八百屋さんへも、よく遣いに行きました。

目白の師匠宅からは決して近くはないのに、お内儀さんはいつもわざわざそこへ行くように言いつけ、そして必ず「帰りに〈南国〉（お内儀さんの行きつけの喫茶店）に寄って、私の悪口言ってないか確かめておいで」と言ってお茶代をくださるのでした。

お遣いから帰って来ると、

「何か私の悪口、言っていたかい？」

「イエ！　何も！」

「そーかい」と言ってニコリとし、ずらした眼鏡で新聞を読みふける。なんの気なしに弟子を解放してくださるのでした。

またある時、師匠がご自分の浴衣（生地）を染め、楽屋内やご贔屓にお配りしたことがありました。いまから四十五年くらい前の話です。当時、噺家は一生に一度は浴衣をつくって配るという不文律がありました。うちの師匠が配るのが初めてだったか二回目だったかわかりませんが、千匹狸という狸柄の浴衣を三百反くらいつくって、寄席関係者やお客さんに配りました。

うだるように暑い日でした。

「小稲、ちょっとあがっといで」

突然お内儀さんに呼ばれた私は二階に上がりました。

「へイ！　何か？」

「はい、これ」

目の前に差し出されたのは、師匠の狸柄の浴衣。

「いえお内儀さん、私、もうこないだ師匠からいただいてます」

「わかってるよ、小稲、いいんだよ、いいからとっておきな！　ね、見ている人は見ているんだからね！」

嬉しかった。必ず誰かが見ていてくれる！　たいしたことも出来ていない私の心にその言葉が刻み込まれ、それから何をするにもその言葉が励みになりました。もちろん、私だけじゃなくて、皆に同じことを言ってたのかもしれませんが、それでも嬉しかった。

師匠にしろお内儀さんにしろ、こまごま言わないで、ちょっとしたことでいろんなことを教えてくださいました。

10 師匠の羽織

前座のうちはお金がありませんから、ふだんは浴衣、高座に上がるときは木綿というのが普通です。いまは前座さんで、浴衣で楽屋働きをする人はなくなりましたが、私らの頃は高座に上がる人だけ、つまり高座返しする人だけは白足袋に着物を着なさい、という取り決めがありました。それでも浴衣で高座返しもしていました。

いつからか前座が絽《ろ》の化繊の着物を着始めるようになって、一度だけ私も化繊を着たことがあります。夏場の着物は何度か着るとどうしても襟元が汚れたりするので、その都度手入れをしないと汗染みが襟に出てみっともないし、貧乏くさい。かといって、全部着物をほどいて洗い張りしてもらうと相当お金もかかる。やむなく化繊を着ましたが、その時だけです。

着物のことなんて入門するまでは何も知らないのがふつうです。師匠の着物を畳んだり、先ほどお話ししたように、仕立屋の冨貴ちゃんのところにお遣いに行って少しずつ勉強しました。

ある時、人形町の末廣で前座をしているときに、親父がくれた大島を着ていたことがあります。そうしたら（立川）談志師匠が、

「ああ、大島、いいねえ。立派だねえ」

って褒めてくださった。そしてその後に続けて、
「あのな、大島は遊び着だから高座で着るもんじゃねえんだ」
と教えてくださいました。それからは綿唐山《めんとうざん》を選んで着るようにしました。たしかに大島なんて昔も今も高価なものです。ですが高ければいいってもんじゃないんだと知りました。この頃は化繊も良いものがありますが、私は化繊は着ないことにしています。だって江戸時代に化繊はなかったですものネ！

うちの師匠は縞の着物に黒の羽織。ずっと黒、せいぜいあっても茶の紬《つむぎ》でした。いまから五十年くらい前は、東京の噺家は皆な黒の羽織で、色羽織は持っていませんでした。あれは関西の噺家さんのもので、小紋の友禅の柄とか華やかなものを着て、色羽織がそれによく合う。でもああいうのは女性柄ですから私らは着ません。

いまは東京でも色羽織は多くなりましたが、当時は羽織は黒紋付に着流し、色紋付は着ない、高座に上がる時はなにかしら紋が付いているものを着るものでした。袴なら絶対に黒紋付です。三平師匠も文楽師匠も黒紋付に袴。いまは袴に着流しだってありますが、それは遊びみたいなものです。昔は、高座と言えば神聖な場所に上がるという意識がありましたが、いまの高座は「ステージ」なんでしょうね。その意識の違いはあるかもしれません。

志ん朝師匠が縞の着物に黒の羽織で上がると格好いいったらなくて、みな憧れたものです。

志ん朝師匠の羽織丈は普通よりちょっと短くて、巻き羽織のような、ちょうど江戸の同心みたいに見える。私も一度真似して羽織丈を短くしてみたことがあるんですが、そうするとふっと中腰になった時に羽織が尻の下に入って、ずるっと引きずられたりするので、やめてしまいました。

もちろん何をどう着るかは芸にも依ります。下半身が揺らぐ人はどうしても前が開いてしまうので、袴を着けたほうが動きが楽なんです。でも枝雀師匠なんかは前がはだけても滅多に袴は着けていませんでした。うちの弟子にさん助というのがいますが、こいつがどうしても前がはだける。けれど、はだけちゃいけないよと言うと、はだけないような芸になってしまう。そうするとあいつの魅力は出ませんから、裾がはだけたって、汚いステテコが見えたってかまわないよと言っています。お行儀良く着る方もいれば、理屈抜きの組み合わせで着る方もいていいとは思います。

私はたいてい、噺に合わせて着物を着ます。たとえば若旦那が出てくる噺でも、『たちきり』のような切ない、つらい若旦那なら、地味でストイックな着物を選ぶ。『船徳《ふなとく》』の若旦那はわーっと賑やかなんですが、船徳の若旦那は船頭になるわけですから、船頭が青いすっとした着物を着ているのはおかしい、だからあんまり派手にならない紺の縞を選ぶ、といった具合です。

『お節徳三郎《せつとくさぶろう》』を通しでやるとなると、前半は花見の話で、お節と徳三郎が男女の関係になる明るい感じですから黒紋付よりももうちょっと華やかな着物がいい、けれども後半は、裏切られたと思った徳三郎がお節を殺そうとするのを刀屋が説得して、最後は暗い小名木川で二人が心中するという切ない話ですから、黒紋付でもいいかもしれない。

『妾馬《めかうま》』なら最初から袴を着けたほうが理にかなっているとは思います。八五郎が羽織袴を着せられてお殿様の前に出てくるわけですから。とはいえ、あまり最初から武張《ぶば》って袴を着けて、さあ『妾馬』ですよ、というのもなんだかなー。それでわざわざ袴を着けずに黒紋付上下でやることもあります。袴だとお客さんも身構えて緊張してしまいますが、逆にその日の着物を見て、お客さんが噺に入り込むというところもあると思うのです。

前座の頃の話ですが、うちの師匠が地方へ行くのにお供して、師匠の独演会で前座、前方をやらせてもらうことがよくありました。そういうとき師匠は、

「おう、小稲、長くやれよ」

と、必ず言ってくれました。自分が楽をしたいというのもあったのかもしれませんが、こちらにとっては勉強ですから、思い切ってやれ、という意味もあったのでしょう。

ある時、長くやれよっていつものように言った後に、

「おまえ、なんでい、羽織持ってきてねえのか？」

「師匠、私はまだ前座なんで」

「おまえ、前座だってなあ、おれの前にあがるんだから、わたしは二つ目でございますって顔

してあげるんだよ！　ほら」

って言いながら、自分の羽織を出して着せてくれる。こちらは羽織の紐なんかまだ結んだこともなくて、「おう、どれ」って結んでくださった。夢のような一瞬でした。これはこの時だけですよ。もともと前座は羽織を着ちゃいけないんですから。

調子にのって師匠の前に四十分くらい喋ったことがあります。さすがにいくらなんでも長すぎたな、馬鹿野郎、ものには限度ってものがあるだろう、と怒られるものだと思って、「師匠、すみません」と言ったら、

「おう、ありがとよ」

そんな時なんて返事をして良いものか、「勉強になりました」と言うのが精一杯でした。

本当に大きい人でしたね。うちの師匠は。

●落語キッチン④　豆腐

「この塩で召し上がってください」

マニュアル口調のバイトの兄ちゃんがテーブルに置いていった料理を見て首を傾げた。たしか「豆腐」を頼んだはずなのだが……。イマドキの居酒屋では、葱や鰹節、生姜のすりおろし、茗荷や大葉の千切り等がのせられ、醤油で食べる四角い「冷奴」ではなく、小ぶりで丸いざるの上に熊笹を敷き、出来立てと思わせるように温かい豆腐を無造作にすくい入れたような「ざる豆腐」が主流らしい。

「酒飲みは、奴豆腐にさも似たり、初め四角で後は愚図愚図（グズグズ）」

なんて噺のマクラに使うことがありますが、この頃は出された時にすでにグズグズなのであります。ひと昔前の居酒屋とはずいぶん様変わりしました。どうやらちょっと手がかかっていて安価な料理が数多く揃っている店に人気があるようです。しかし日本、いや東京にはなんと居酒屋の多いことか！「飲み屋街」などという言葉がありますが、一軒だけではなく何軒もが連なり、その数たるや……。それだけ店があっても、「花の金曜日」（今は花木とか？）ともなるとどの店もいっぱい、落ち着きどころを探すのに流浪の民があちらこちらを漂っている。酒好きなのか、話好きなのか、帰りたくないのか、帰れないのか。とにかく今宵も流浪の民が……あー！　それで〇民とかいう店があるのかしらん？

子供の頃、「豆腐屋さん」が町内を売り歩く姿をよく見かけました。自転車の荷台に水を張った四角い木桶を自転車のタイヤのチューブで留め、そこに絹ごし、木綿ごし、焼豆腐が入っている。また、その木桶の引き出しには、油揚げ、生揚げ（厚揚げ）、納豆等も入っている。紐で首から提げたラッパを咥《くわ》え、「パーフー！」と吹かれると、間違いなく「豆ー腐ー！」と聞こえた。たちまち鍋や丼を持ったオカミサンやお遣いを頼まれた子供たちがあちらこちらから出てきて、

「豆腐屋さんのおじさーん！」

小銭を握りしめ、アルマイトのボールを抱えて駆け出してきた小さい可愛い女の子。誰よりも早く走り寄って、

「いつもの賽の目に切って下さーい！　それと油揚げ一枚！」

「へーい！」

豆腐屋の手の平の上で、大きな包丁で手際よく賽の目に切られた豆腐がマーちゃんのボールにあけられる。「おまちどうさま！」の声に、ニコッと笑って「おじさん、ありがとう！」の元気な声。そうやって小走りに家へ急いで帰る後ろ姿を、町内の人たちが順番を待ちながらお互い顔を見合わせてニコニコと見ていた。あの子はみんなから「マーちゃん」と呼ばれていた。今頃どうしているかなあ。愛しのマーちゃん……マー坊！　マーちゃんが豆腐を買って、これが本当のマーボー豆腐!?……はい、豆腐の角に頭をぶつけて参ります！

儒学者・荻生徂徠《おぎうそらい》は、若い頃は貧困生活に苦しみ、食べることもままならなかった。あるとき豆腐屋の七兵衛がこの徂徠の住む貧乏長屋に「とーふーぃ」と入って行くと、空腹耐えがたき徂徠が七兵衛に声を掛けた。

「すまぬが、豆腐を一丁これに頼む」

差し出された皿に七兵衛が豆腐を一丁載せると、徂徠は何もかけずにむしゃぶりつき、あっと言う間に食べてしまう。

「代は幾らだ?」

「へい! 有り難う存じます。四文《しもん》でございます」

「すまん、今、細かい持ちあわせがない。明日また来てくれんか。その時一緒に払う」

「へい! 承知いたしました」

翌日行くと同じように求めた豆腐一丁に何もかけずに平らげ、

「今日も細かいのがない、明日またまとめて払う……」

毎日毎日同じことの繰り返しに、さすがに様子が変だと思った七兵衛が、

「あのう、お代はいつお払いいただけますか?」

と尋ねると、

「わしは、荻生徂徠と申す学者の卵だ。今のこの世の中を良くするために学問を修めているが、まだまだ禄《ろく》(収入)を得ることが出来ず、一日一度そちの豆腐が唯一の食事だ。必ずや豆腐の

代金は払う。どうかそれまで待ってもらいたい」

と頭を下げる。これを黙って聞いていた七兵衛は、

「へい、そうですか、ようござんす。出世払いということでいつまでもお待ちいたしやす」

家に帰り、

『お灸が怖い（荻生徂徠）』とか言う学者の卵が……」

と女房に話をすると、

「そうかい、そのお灸の先生が世の中の役に立つまで私らもできることはしてやろうよ。豆腐もいいけど、おからのほうが腹にたまるよ！」

翌日、女房の拵えたおからの煮ものを丼一杯届けてやった。それからも、売れ残ったものがあればそれを煮付けて握り飯と一緒に届けてやり、翌日もおから、その翌々日もまたおから――いつしか長屋の連中は徂徠を「おからの先生」と呼ぶようになった。

しばらくして七兵衛が風邪をこじらせ寝込んでしまう。やっと体調が回復し、おからを持って長屋に行くと徂徠は忽然と消え、いずこへ行ったか皆目わからない。豆腐屋夫婦の頭の中から徂徠のことが薄れた頃、火事に遭って夫婦は焼け出されてしまう。命からがら知り合いのところへ身を寄せた夫婦の元へ、「さる方からの見舞い金」として十両もの金が届けられる。

だが、「相手もわからず頂くわけにはいかない」と夫婦は苦しい暮らしにもかかわらず、その金を知り合いに預けておいた。

そんなある日、豆腐屋夫婦を身なりのきちんとした侍風の男が尋ねてきた。

「お久しぶりでござる、その折のご厚情誠に有り難うございました」

深々下げた頭を上げると……。

「お、お、おからの先生！」

実は徂徠の学問が認められ、八代将軍吉宗公に取り立てられた（雇用された）のだった。徂徠が言っていた「世の中を良くするための改革」は、後に「享保の改革」と呼ばれることになるのだが、とにかく急なお取り立てのために一言もなく長屋を去ってしまったと詫びる。こうして十両の金の出所が判明し、さらに徂徠が焼けた豆腐屋の店を新しく建て直し、夫婦はまた豆腐屋を始める運びとなる。これを江戸っ子達は「徂徠豆腐」と呼び、大変な繁盛をしたという。

「落語・講釈でお馴染みの『徂徠豆腐』の一席でございます」

落語には、他にも豆腐や夫婦がでてきて人情に触れる噺がたくさんある。

『甲府ぃ』では、甲府の山奥から職を探しに江戸に出てきた青年が、持ち金も底をつき、豆腐屋のおからを盗み食いしてしまう。その豆腐屋夫婦に助けられ、懸命に働き、やがて一人娘と所帯を持ちその店を繁盛させて、その恩に報いる。

『ねずみ穴』では三文の銭から身を起こし豆腐を売り歩くことから大きな身代（財産）を作り上げる。『鹿政談』という噺では、自分の過ちで鹿を殺してしまった豆腐屋の命を助けようと、奉行がいろいろと助け船を出すが、それでも嘘をついてまで助かりたくないと、正直にありのままを話す豆腐屋の主人。それを助けようとする奉行の爽やかな政談。人の情《なさけ》を描き、苦労して世に出る陰には豆腐が重要なキーワードとしてしばしば登場する。それは最も身近な食べ物であったからかもしれない。江戸時代には『豆腐百珍』という料理本がブームになっているし、いつの時代も安価で日本人なら誰でも食べる食べ物であればこそ、その噺に妙に説得される。だからこそ！　サラリーマンが居酒屋で食べる豆腐は、出世のためにも世の中のためにも、本来の四角い豆腐でないと駄目なのだ。

　これを、豆腐尽くしで言おうなら。

　四角い世間を丸くして浮いた浮いたの水の中、一丁（一生）懸命、豆（まめ）に働いて、義理人情を大豆（大事）にし、豆腐（遠く）の人の付き合いも、心桶（おき）なく、きらず（おからのこと）におけば、生揚げ（なまけ）者や人付き合い、水臭くはならないように、油揚げ（危なげ）ない人生を願う心のがんもどき（願ほどき）。

　てなことで、今日はこのへんで。

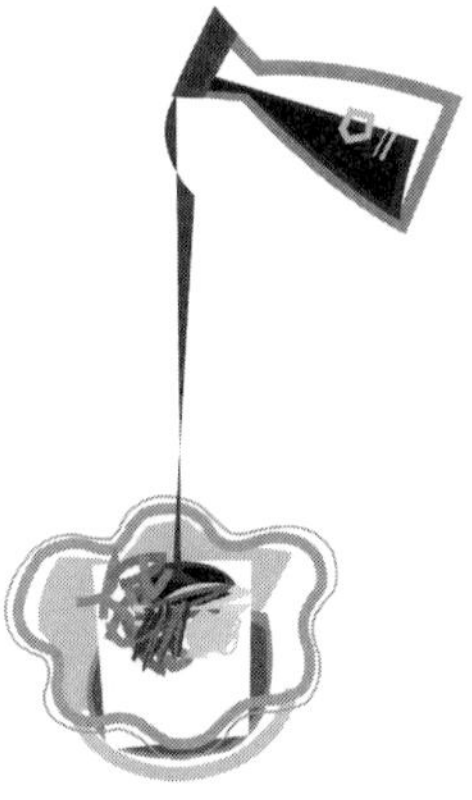

11　初めての稽古

「稲ちゃん、稲ちゃん、師匠が稽古してくれるってよ！」

その時、郵便局に遣いに行ってぶらぶら帰ってくる途中でしたが、先輩弟子のその声が聞こえると、「ええーっ」て、駆けて駆けて慌てて戻って、ようやっと皆と一緒に師匠の前に座りました。

なにしろ師匠は弟子にはあまり稽古をしてくださらない。他の師匠のお弟子さんには時々していらしたようで、

「あのう、今日小さん師匠に稽古してもらうことになっているんで」

「あ、そうすか」

みたいなやりとりはけっこうありました。自分と同期くらいの人もうちの師匠の稽古に来ていて、ぼくはまだその頃前座でしたから、「師匠に稽古してもらうってのはどんなんだろうなあ」と思っていました。

もちろん、お願いはしました。

「師匠、稽古してください」

「おうおう、わかった。また今度な」

「師匠、この間お願いした稽古……」

「ああ、そうだったな」

「師匠、稽古を……」と三回めくらいになると、

「ああもう勝手に覚えろ！」

そう言って、あまり弟子には直接稽古してくれませんでした。

「おまえたちは俺の弟子なんだから、いつも袖で俺の噺は聞いてるだろ。自分で覚えろ、覚えてやれ」

と。でもそれは師匠に直接教えていただきたいですよね。弟子なんですから。そのチャンスがその日唐突にやってきたわけです。

はあ、はあ、はあって駆けて戻ってきたものだから、息が切れている上に足がしびれてきて、もう師匠の噺を聞くどころではない！　頭に入りません。ただただ痛いのを我慢しているだけ。その日教えていただいたのは、『道灌《どうかん》』です。『道灌』は前座のする噺ですが、師匠はトリでやれなきゃだめだって仰ってましたし、実際トリでやってお客さんを笑わしてました。私はとてもとても、『道灌』でトリを取る勇気はありません。

足がしびれているのを我慢して聞いているんですが、師匠の噺は稽古でも面白い！　普通は、稽古だと多少は緊張して話しますし、ひと通りの噺をするだけなんですが、それでも面白い。

師匠の前に座った五人が五人とも同じところで笑いをこらえて肩を震わせているんです。笑うわけにはいきません。こちらは客じゃなくて、稽古をしてもらっているのですから。

同期の弟子で、師匠から直接教わったのは少ないと思います。よっぽど食い下がれば、教えてくださるのですが、あまり食い下がらなかった自分が、いまでも後悔の種です。

覚えたから聞いて下さい、とお願いすればもちろん聞いてもらえますが、私は師匠とご一緒したときにわざと前でやるようにしていました。そうすると師匠が脇に呼んで、

「ああしたい気持ちはわかるけどな、こうしろ、ああしろ」

って、ちゃんと教えて下さる。師匠はかならずモニターでも舞台袖でも聞いていて下さいますから。そうすると降りていった時に、「それでいいよ」って言ってくれるときもあります。「あれでいい、あれでいい」とか「だめだな」とか。

相対《あいたい》で教わるのももちろんいいんですが、こういう陰で教えて下さるのが勉強になりました。

そういう風に師匠が教えて下さった中で、いまだに大事にしなきゃいけないと思っていることがあります。

「落語っていうのは、子供も大人も、じいさんもばあさんも、男も女も、みんなおもしろいな、よかったねと思ってもらえるものなんだ。ある特定の人のためにやるんじゃない、誰もがおもしろいようにやるのが落語なんだ」

誰もが喜び、誰もが感動し、誰もが笑うのが落語だ、ということです。

ある時、師匠にお供して三重のほうに公演に行ったときのことです。

私が先に高座に上がって懸命に喋ったのですが、あまり受けませんでした。肩を落としながらも、次に師匠が上がれば必ず受けるだろうと、舞台袖で聞き耳を立てました。

師匠のネタ（演目）は十八番中の十八番、『うどん屋』です。

冬の寒い凍てつくような江戸の夜、「なーべやーきうどーん」と声を張り上げて売り歩くうどん屋。「おーい、うどん屋ちょっと待ってくれ」酔っ払いが荷台につかまり長唄『越後獅子』の一節を唄いそれに合わせ荷を揺すりだした。

うどん屋「旦那いけません、やかんがひっくり返りますから」

酔っ払い「おーおう、そうか、じゃあ荷を下してもらおうか、すまねえな！　うどん屋、この寒さで手がかじかんじまった、やかんをどかしてその火で手を炙らせてもらえるかい」

うどん屋「ヘイヘイ、どうぞ」

やかんをどかすと、酔っ払いは手をかざしながら、今日自分の子同様に可愛がっていた友達の娘の婚礼に出てきた話を、よほど嬉しかったのか何度も繰り返し話す、そんな繰り言を、うどんを食べてもらいたい一心で「ヘイ、ヘイ、さようで」などと聞き流すうどん屋。

そのうちに酔っ払いは自分勝手にしゃべり終わり、

「あばよ」

と立ち去ろうとする。慌てたうどん屋は、

「旦那、うどんはいかがですか？」

と勧めるのだが、

「俺は、うどんきれい（嫌い）だ」

立ち去られてしまう。うどん屋は馬鹿馬鹿しいと思いながら気を取り直し、再び大きな声で
「なーべやーきうどーん」と売り歩く。

すると今度は長屋の内儀《かみ》さんが、

「ちょいと、うどん屋さ〜ん！」

ありがたいと思い、

「へーい！　うどんさしあげますか」

と近寄ると、

「子供が寝たばかりだから、静かにしてよッ」

と叱られる。

「なーべやきうどーん」

……はたして三人目の客は大店《おおだな》の店の若い者。しわがれた声を忍ばせて、

「う・どん・屋さーん」

（そうか、奥に内緒で寒さしのぎにうどんを食べようというんだな、あれだけの大店、大勢奉

公人がいるから皆が食べてくれりゃあ、総終《そうじま》い（売り切れ）だ、ありがてい、向こうが奥に気兼ねして忍んで声をかけているんだからこっちも気を利かせて忍んで声を掛けよう）

うどん屋、小声を忍ばせ、

「へーイ、おいくつ差し上げますか？」

「ひとつ！」

その返事にうどん屋は一人合点して、

「ははあ、試しに自分が食べてみて、旨かったら、皆で出てきて食べようってんだな。美味しく作らなくちゃあ」

と常より気を入れて作りあげる、客は鼻水を垂らしながら、さも旨そうに食べ、しまいには汁まで綺麗に飲んで、やはりしわがれた声で、

「ごちそうさま！」

と勘定を置いて立ち去ろうとする。その後ろ姿をみて当ての外れたうどん屋、がっかりして荷を担ぎ行こうとしたところ、客はまたしわがれた声で、

「うどん屋……さ〜ん」

と声を掛ける。しめた、追加の注文だと思い、一段と声を低くして嬉しそうに、

「へーい！」

だが客は更に苦しそうな声で、

「お・まえさ・んも・風邪引いたのかい」
と、師匠は丁寧に噺を下げた。ところがその夜のお客さまはあまり笑わなかった。この至芸を、なぜ受けないんだ？

終わってから主催者との打ち上げの席で師匠は、「お客さまにはあまり喜んでいただけなかったようで……」と詫びましたが、それに対して主催者は、
「とんでもありません、みんな大喜びしていました。みなさんが大声で笑うのと、この土地の人達がフフフと笑うのは同じぐらいなんですよ」

そうなのか！ あのささやかな笑い声は、私たちがお腹を抱えて笑うのと変わらないくらいだったのか！

お客さんは喜んでいたんだとわかり（自分はともかく）師匠の噺への扱いは正当だと思ってひと安心したのですが、ところ変われば笑いも変わるものだなと痛感した経験です。

師匠が教えて下さった中で大事にしていることはいくつかありますが、もうひとつ、
「嘘はほんと、ほんとは嘘、だけどほんとはほんと。これを忘れるなよ」
という言葉があります。謎かけ言葉みたいに聞こえるかも知れませんが、要するに、嘘のことはほんとのことのように演じろ、ほんとのことは嘘のように演じろ、だけど、ほんとのことはほんとなんだ、人間のほんとの心ってのは、ほんとなんだよ、ということです。

まるで禅問答のようですが、落語というのは、ほんとのことを、どうです！　こうなんですよ！　と情熱をもって演じたならば落語じゃない。ふわっと肩すかしを食わせるような、そんなばかなって思わせるようにやるのが落語なんです。逆に、そんなばかな、ってことを、そうかもしれない、ほんとかもしれない、と思わせるようにやるから面白い。けれども、人間が恋をしたり、落ち込んだり、そういう人間の真心、ほんとの心はないがしろにしちゃいけない、ほんとのことはほんとなんだ、ということです。

たとえば、噺のなかに博打の場面があって、真に迫った感じであたかも中にサイコロがあるかのように壺を打つ、あれじゃあ、だめだ、と師匠は言うんです。そんなものはぽんと置いて「丁か半か」でいい。いかにもほんとらしくやることがいいわけじゃない、やりすぎは品がなくなるんだよ、と。師匠は品がなくなるのをことのほかいやがっていました。

反対に、蕎麦をすするずずーって派手な音は、わざと嘘っぽくやっているわけですが、かえって聞いているほうにはほんとのように聞こえます。わが師匠小さんの十八番と言われた『時そば』で蕎麦を食べる場面は、丼から湯気が立ちのぼり、すするたびに蕎麦と汁が織り成す微妙な音が奏でられ、本当に食べているように見えるし、聞こえる。まさしくそこに蕎麦がある、という感じがしたものです。聞いていると口の中に唾が溜まり、鼻に抜ける息に蕎麦の香りまで漂ってくるようでした。

実際、以前人形町にあった末廣（昭和四十五年廃業）という老舗の寄席の近所に蕎麦屋があり、寄席がハネたあとの客の入りで「今日は小さんは『時そば』だったな！」とわかったのだと言います。

嘘はほんとのように、ほんとは嘘のように、だけど人間のほんとの心はほんとにして演じるんだよ、と言われてみればその通りだなとは思いますが、どうしてもウケたいと思うとそれを忘れてしまう、そうすると品がなくなってしまうものです。名人上手と呼ばれた方々にはやはり噺に品がありました。

芸の品、と言ってもなかなか理解していただくのはむずかしいかもしれません。品がいい芸は、端的に言えば、お行儀がよくてがちゃがちゃしていなくて、作りがいいということでしょうけれど、それも違います。形ばっかり整えても面白くありません。

先代の三平師匠は、あんな破天荒な芸でも品がありました。だからお客さんもいやがらない。笑わせるためなら袴を脱ぐどころかパンツまで！（てなことはないが）と、やってもなお品がある。ご本人が持って生まれた品なのか、品格というものなのか。

器一つ取っても、ただ形が整っていればいいものではなくて、何かしら触りたいとかもういっぺん使いたいと思わせる何かがありますね。品格というのはそういうことなのでしょう。

昔はお座敷というのがありまして、名だたる文化人の方々が、小さんを呼んでくれとか文楽を呼んでくれとかいう注文に応えて料亭が斡旋していました。品というのはそういう場で培われたものなのかもしれません。たとえば文化人の方々だって、ちょっと艶っぽい噺が聞きたいということはあったでしょうが、そういう噺こそ品よくやらなければ、ただの下卑た噺になってしまう。

下品にやろうと思えばいくらでもできます。たとえば『宮戸川』でお花が半七の袖にしがみつく、するとお花の着物の裾が乱れて雪のように白い足がつーっと……このあとの展開をあからさまにやればいくらでもできるけれども、「これ以上は本が破れていてわかりません」と締めるところに噺の品があります。たとえば子供を殺すような悲惨な場面を演じる時に、細かく表現する必要はなくて、「ぎゃあーっと声が響き渡る……」だけで十分。まめに細かく演じたところでお客さんが感動するわけでもありません。これが師匠の言った、ほんとは嘘に演じなさいということだといまは思っています。

12 噺の稽古いまむかし

師匠が直接稽古してくださることはあまりありませんでしたから、お供で行った時に、たまさか、自分が覚えたいなと思っていた噺を師匠がやるのを覚えていきます。

その他には、外に、つまり兄弟弟子のうちや他の師匠のところへ稽古してもらいに行きました。昔は三遍稽古と言いまして、三度まで話してくれる。その三回で覚えなきゃいけない。

三回と言っても、やりたい噺は何度もすでに聞いてますから、一回目で半分くらい、二回目聞くときにはもうだいたい覚えてて、三回目は一緒にしゃべれるくらいになります。半分くらい覚えるって言うと、噺の前半だけ、後半だけ半分ずつ覚えるのかと勘違いされることもよくありますが、そういうものではなく、噺の大まかな流れを大づかみにして、間を埋めていく感じでしょうか。うちの師匠に『長短』を教えてもらって、もういいよ、人前でやってもいいよ、と言われるまで二十三回かかったという先輩もいました。

前座の頃は、掃除に炊事に兄弟弟子との馬鹿話、一体いつ稽古してるんだという感じですが、掃除しながらぶつぶつ、電車のつり革につかまったままぶつぶつ、歩きながらぶつぶつ、風呂に入って、トイレに入って、何をしていてもぶつぶつ、という具合に稽古をしていました。公園でこどもたちが遊んでいる声のような適度な雑音があったほうが集中できたりしましたね。

三回聞いて、それから聞いてもらいに行く。ひと月以内、どうかすると一週間以内に行かなきゃいけない。そうしないと忘れてしまいますから。

三遍稽古なんて私たちの時代までですね。私自身、稽古つけてくださる方もだんだんしなくなって、最初はオープンリール持って行きました。二つ目のころでしたから昭和四十七年くらいです。そのうちカセットテープが出てきて、それからMDなんてのがあっていまじゃＩＣ！どんどんちっちゃくなってます！

「師匠、録音させてもらっていいでしょうか」

って、携帯よりもちっちゃいものが目の前に置かれると、がっかりしますよ。オレの噺ってこれか？

録音したほうが稽古するほうもされるほうも楽ですが、いつでも聞ける、くり返し聞けるという安堵感からなかなか覚えない。ずいぶん後になって「師匠、聞いてください」と来られることがあります。こちらは稽古つけたことすら忘れてる。それに、録音だと間違いを間違えたなり覚えてしまうことも起こります。

「そこ、違うよ」

「いや、でも師匠こう言ってました」

「そう？　言ってた？」

なんてことに……。本番稽古だったら間違えてもやり直すことができますけど。

テープ稽古は便利ですが、演じるためにはあまりよくないと思います。所作が見えないので、二階と下で話をしているところなのに上下《かみしも》が逆になっていたりする。きちんと構成力のある噺家さんだと、これはこういう場面だからという想像が付きますが、構成力がないとおかしなことになっちゃう。

あるとき、稽古つけたときに、「師匠、さっきこっち向いてて今度はこっち向いてますけど、何でですか」って訊かれたんですが、彼は上下が入れ替わったことがわからなかった。落語だって人物は入れ替わりますし、二階と下だって、二階から降りてくれれば当然上下は替わります。

「おい、こっちへ座れよ」なんて言って替わっちゃうこともある。そういうことがテープだとわからない。音だけですから、箸をもってるのだってわからないし、熱燗の首のところをもってるのだってわからない。本番稽古なら見てりゃわかりますから。三遍稽古だと、そういう細かいところが一致します。

昔は、稽古はその師匠のお宅にうかがって教えてもらうものでした。朝、うちの師匠のところに行って掃除をして、「師匠、これから稽古に行ってきます」って、その師匠のお宅へ行ってそこでまた掃除をするんです。玄関先だけでも掃除をしてるとお内儀さんが「ご飯食べて行きなよ」と言ってくださるのでごちそうになり、稽古をしてもらい、どうかすると帰り際に「おうこれ電車賃だよ」ってお小遣いをくださる。当時のことですから二〇〇円くらいでしょうか。いまはもう稽古のときに自宅へ来ていただくことなんてありません（落語協会の和室を使います）。

自分の弟子はともかくとして、他のご一門の方から稽古をお願いされるのはうれしいものです。ああ、おれの噺を覚えてくれるんだ、覚えたいと思ってくれたんだな、ありがたいな。それで「師匠に教えていただいた噺でこないだ賞をいただきました」なんて言ってもらえることがあると、ああ、教えてよかったと思いますね。稽古ってそういうもんです。

どうやって噺を覚えてるんですか、と訊かれることもよくあります。帳面に書いて覚えられる方もいるようですが、私は一切しません。だから私には噺の帳面というのが一冊もない。一応、全部耳で聞いて覚えてはいます。最近はもう全部は覚えないで、七割くらい覚えて、あとは高座で作っていくことが多いです。

あぶなっかしいですよね。いつ絶句するか。いつ、あとが出てこない時が来るか。いまはまだ幸い一度もありませんが、何度かあぶなかったときはあります。他のことが気になって、ふっと、ほんとに一秒もないんでしょうけど、出てこなくなる。その一瞬は頭の中が真っ白になるんです。

いろんな師匠がたに稽古していただきましたけど、自分のなかで上がっていない噺が一つだけあります。金馬師匠に教えていただいた『茶金』という噺です。大阪の『はてなの茶碗』です。志ん朝師匠もおやりになっていましたから、噺自体は別に上方にもっていかなくてもいいんですが、教えていただいた『茶金』には京都の人も大阪の商人も出てくる。京都と大阪の言葉を自分のなかでは使い分けしているつもりで、師匠に聞いていただいたら、

「上方の言葉、それ違うよ」

自分で覚えていたイントネーションを違うよと言われて、もう喋れなくなってしまって、

「師匠、すみません。もう一度稽古してきます」

と師匠のお宅を失礼しました。こんなことは後にも先にもこの一度きりです。

金馬師匠はもともと高知県の人で、関西の言葉が身についていらっしゃるから使い分けできる。ああ、こういう細かいところまでちゃんとしとかないといけないんだと思いました。

あと思い出深いのは、小三治師匠に稽古していただいた時のことです。座って聞いていてくださった小三治師匠が、すーっと立っていなくなっちゃった。ああ、おれの噺があんまりひどいんで聞きたくねえのかな、聞くのいやになっちゃったんだろうなあ、と思って、しばらく黙っていたんです。そしたら廊下から、

「聞いてるよ！」

聞いてんのか！

逆に小三治師匠から、「あの噺写してくれよ」なんて言われることもありました。うれしいですよ、そりゃ天下の小三治から、こんな下っ端の噺を覚えたいと思ってもらえるなんて。それで、自分が演じていた噺を逆に聞く立場になってみると、ああ、こういう気分で演じるのかとあらためて勉強になりますし、ここはおれだったらこうするかな、とか、自分の噺を客観的に聞いている感じがするんですね。もちろん間違ってるということじゃありませんよ。

教わったら最初は、教わったとおりにきちんとかけます。失礼ですからね。二度三度やるうちに自然と変わってくるんです。上の人から教えていただいた噺であっても、独自の考え方で噺を変えていくのは当然のことですから、ちゃんと教えた通りにやってねえ、なんて怒ることも怒られることもありません。ああ、変わったなあ、こういうふうにやるのか、なるほどってね。

自分の弟子にも、好きにやれ、音源（テレビ・ラジオの放送や劇場等で録音されたもの）がある

ならそれで覚えてきなさい、あとで聞くだけ聞くからって言います。音源のほうがいいこともあるんです。自分もノッてますし、お客さんの笑い声も入ってますしね。ただ、ライブなので、その時だけの雰囲気がありますし、逆に同じ雰囲気は二度とないわけですから、逆にそれで覚えるのは怖いことは怖いです。

稽古に行くことは、ある意味では聞いてもらう、アピールの場でもあるんですね。この師匠のところに行くからって気合いも入る。ただ噺を覚えるだけではありません。稽古をする側になってみて、それは感じますね。師匠聞いて下さい、って来た人が落語をどう考えてるのか、どういうつもりでその噺をしてるかは全部出ますから。

だから、楽して稽古しようというのが一番よくない。ほんとはこの師匠に教わりたいんだけれども、面倒だからその師匠が教えた人、自分と同期くらいの弟子に教えてもらうようなこともあるわけです。でもそれは元の師匠が百だとしたら、六十か七十くらいのものでしかない。そこから教わったら元の噺の三十とか四十とかになっちゃいますよね。

ありがたいことに、いろんな方が稽古してくださいって来られます。そのたびにやっぱり大事なのは素直ってことだと感じます。稽古してもらった通り、素直に覚える。そうするとそのあと自分の思い通りに変えていけるんです。うちの師匠は「素直が一番だよ」ってよく仰ってました。かといって人間、そんなに全部が全部、素直に入りはしませんから、部屋の畳を替えるみたいに、一枚一枚はいでいってようやくできるようになるものです。

短所が長所になることもあります。聞いてみて、どうしたってそれは短所だ、でもそれを直しちゃうとこいつの噺は面白くない、ってことがあります。そういうときはあえてそれを無視します。それがいいよとも言わない。いいよって言っちゃうとそこを意識しちゃいますから。先輩たちがよく言ってました。噺家をだめにするのなんて簡単だよ、そいつが得意にしてるところを褒める、そしたらそこを意識するようになって結局だめになっちゃう。

うちの師匠がよくこう言ってました。

「自分と同じくらいだな、と思ったらそいつはおまえより上手い。こいつは上手いと思ったら、おまえとは雲泥の差だ、こいつは下手だなと思ったら、おまえと同じレベルだ」

相対でする稽古ももちろん稽古ですけど、そういう風に師匠の話を聞くのも稽古だと思っていました。楽屋で佇むのも稽古、楽屋でくちゃくちゃしゃべっていても稽古、何かをしながらでも高座に耳を澄ませている、これは俗に「捨て耳」と言いますが、そうして稽古をする。勉強する気さえあれば、着物をたたみながらでも高座の師匠や先輩の噺が聞こえる。それもまた稽古になる。

本当にいろんなことを勉強させてもらいました。

いいえ、まだ勉強中です。

第二部 師匠時代

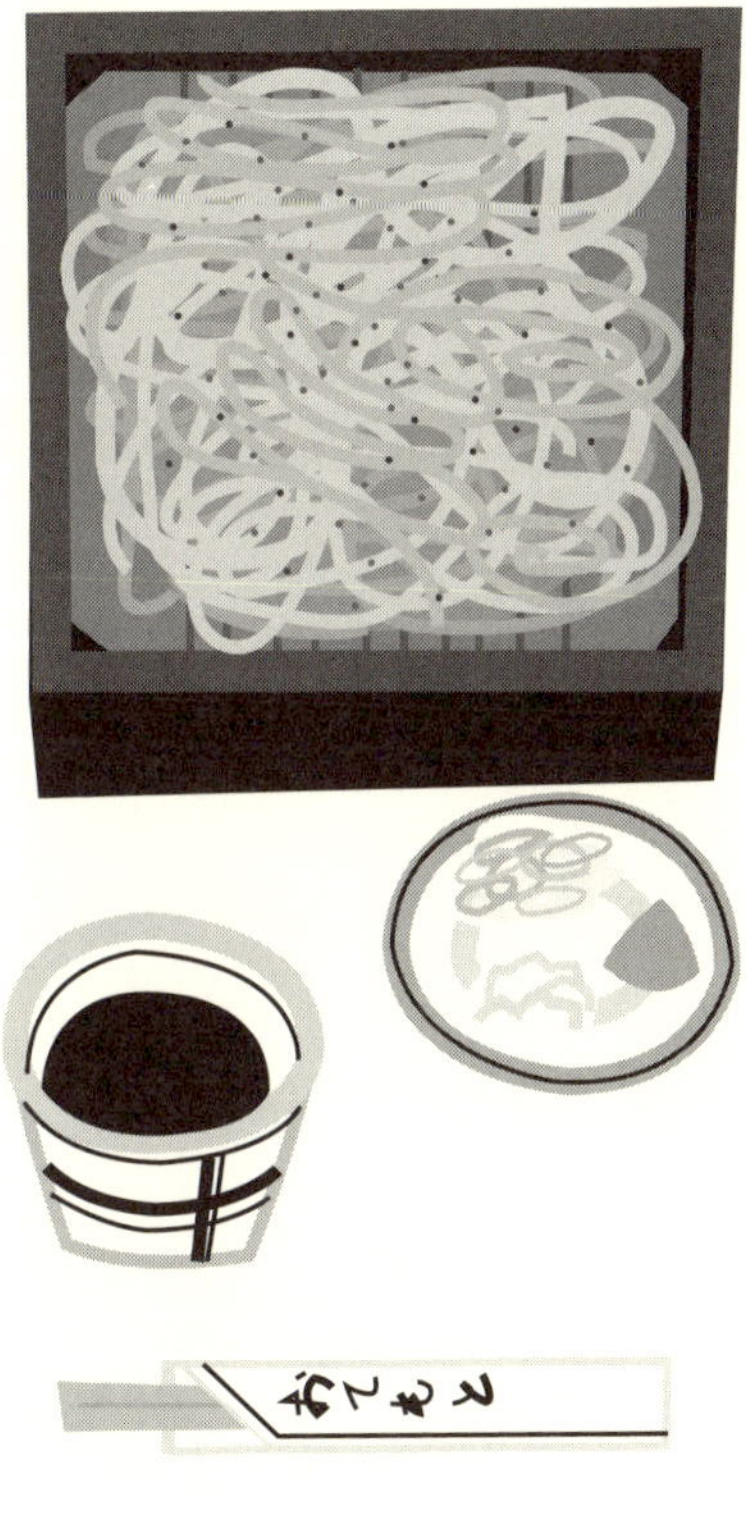

1　親不孝丼

私のところには、弟子がサッカー一チーム分います。

上から、喬太郎、左龍、喬之助、喬四郎、小傳次、さん助、さん若、喬の字、小太郎、小んぶ、やなぎ——の十一人。どれもこれも、私を師と選んだ物好きな親不孝者です。

弟子は多ければいいというものでもありませんが、やはり十一人は多いかもしれません。しかし自慢するわけではありませんが、弟子入り志願に来てくれた人は総勢三十数名ほどいました。そのうちの十一名ですから、ほぼ三人に一人が「さん喬一門」になったことになります。

私のような何もない噺家に何故こんなに来てくれたのか、落語界の七不思議と言ってもいい。いえ、本当にそう思っているのです。

噺家になりたいと親に話した時、そいつはその瞬間この世で一番の親不孝者になる！　と言ってもいいかもしれません。実際、弟子入りを志願されて、うーん、そこまで言うなら弟子にしてもいいかな？　と考えていたら、

「うちの子は落語家になんかしたくないんで、どうか取らないで下さい！」

と親御さんから電話がきたこともあります。そりゃ取りませんよ、人さらいじゃないんです

から、親御さんが賛成しないのに無理になんて取りません。

とはいえ、この道楽商売も、世の人気者と変貌すれば、世界一の親孝行者となる……はずですが、もちろんなれなければ、ただの親不孝者で終わるわけです。そんな誹《そし》りを受けたい者はいません。だから日夜勉強し、「明日は、名人！」を目指す！　俗にこれを「めざすの学校」と言う（言わなーい！）。

私が前座になって楽屋働きをし、やがて高座を務めるようになっても私の母は、「いつ辞めてもいいんだよ、辞めても誰も何も言わないよ」と言っていました。そもそも入門が決まったその日に「つらくなったら辞めてもいいんだよ」と、何もしてないうちから言ってくれていた母です。母親からすれば世の中から隔離されたような世界に居るのだから、心配も並のことではなかったでしょう。

母がそう思うのももっともなことだと今では思いますが、そんな母に私はいつも「お母ちゃん、ふつう母親は『頑張りなさい！』とか『お金あるのか？』とか『痩せたんじゃないかい』とか心配するのが本当じゃないの」と言い返していました。

だんだん噺家として成長し、少しは仕事が出来るようになった昨今、会うたびに「辞めてもいいんだよ」と言っていた母が、いつしか「お前が落語家になってよかった！　今のお前を見て、お母ちゃん嬉しいよ」とのたまうようになりました。

今年の正月、身体の自由があまり利かなくなった母が、弟に連れられて、久しぶりに私の噺を聞きに来てくれました。

客席の一番前で車椅子に乗った母が、私の『文七元結《ぶんしちもつとい》』を食い入るように聞いていました。

この時が、母が私の噺を聞く最後になりました。

桜の咲く頃、母は自宅の自分のベッドの上で、苦しむこともなく、家族の誰にも「さようなら」も言わずに旅に出ました。枕元には私の掲載された雑誌の切り抜きが貼ってありました……ありがとう！

「孝行をしたい時分に、親はなし。さればとて石に布団も着せられず」ですぞ、みなさん！


とまあ、こんな親不孝の師匠のところへさらなる親不孝者が十一人も集まるのだから、なんとも「べけんや！」であります。

えっ、「べけんや」を知らない？　知らざぁ言って……聞かせたいが、私も知らない！

しかし、噺家になることが親不孝ならば、我が師、人間国宝五代目柳家小さんも親不孝者になります。八代目文楽も、志ん生も、圓生も、志ん朝、三木助、近世落語の祖・三遊亭圓朝までも親不孝者。それればかりか落語の祖・安楽庵策伝などは親不孝者の元締めということに……!?

さて、私たちが前座のころ、師匠五代目小さんの家でゴロゴロしていたように、私の家でも決まって弟子たちは始終ゴロゴロしています（そんなところは真似なくていいのだが！）。

そんな時、こちらも暇にまかせて彼らに食事の仕度をしてやることがあります。師匠が飯の仕度をしているのを察知したなら、何らかのリアクションがあってもいいはずですが、特になにもない。

いつだったか、仕事もなく家でゴロゴロしている時分に、師匠の小さんから電話がかかってきました。

「頭の付いた大きな海老をたくさんもらったんだが、どうしたらいいかわからねんだよ……」

とおっしゃる。そこは前座時代に師匠の食事係を務めた身、皆まで言うなと、

「へい！　今伺います」

と目白のお宅にすっ飛んでいきました。

「おう、忙しいのに悪いな！」

こちらが暇を持てあましているのはわかっているのに、この気遣い……もう！　この師匠のためならなんでもしちゃう！

家に着くやいなや台所に向かいます。そのころ師匠の家は近代的に建て直され、台所はシステムキッチンに変わり、あの思い出の台所の姿は微塵もありません。

冷蔵庫には見事な大正海老が、アッ！　と驚くほどぎっしりと詰め込まれていました。

「えっ！　こんなにですか？　こんなにさばくんですか？　私一人で？」

なんて言えるわけはない。

頭を取り、殻を剝がし、尾っぽは残し、背わたを抜き、身に切り込みを入れ――フライでも天婦羅でも、もちろん炒め物でも使えるように下ごしらえしました。

師匠はと言えば、ずーっと傍に立って私の仕事ぶりを見つめていました。そして時々溜まった殻を手でわっしと摑んで片付けては水を流し、私の仕事がしやすいように手伝ってくれる。

天下の柳家小さんが弟子の仕事の後片付けをしてくれている。台所で師匠と弟子の二人が何も言わずにただもくもくと海老をさばいている。なんということもないことですけれど、私にとっては本当に至福の時間でした。


それなのにうちの親不孝連中ときたら！

こちらが飯の準備をしていたら、「師匠、なんかお手伝いしましょうか？」ぐらい言っても罰は当らないだろう。せめて後ろに回ってジーッと見ているとか。だが、やつら親不孝族はそういう見え見えなことはしないし言わない。

茶の間でテレビを見ながら、「あのさー！　モー娘がさぁ」「それって、シャレっしょ」「えっ、マジっスカ？(スカも当りもあるか)」「それって、ヤバくナイ（ヤバイのはお前の頭だ)」「超ヤバイっすよ」「ゲロッパ⁉（お前は蛙か)」――そんな話を、女子高生がごとくキャッキャ言いながら話している。

そんな愚にも付かない話を小耳に挟みながら、ひたすらゲロッパ親不孝族のために食事を作るのです。

「出来たぞー、早く喰っちまいな」

「はーい！　いっただきまーす」

こういう時の返事だけはよいこと甚だしい。

「師匠、旨いすよ、なー」

「うん、師匠旨いっすよ、なー」

「旨い！　うまい！　美味い！　巧い！」

人をのせるのだけは、上手い！

弟子たちが食べている間に汚れた調理道具を片付ける。

親不孝どもは「師匠、後でやりますから、そのままにしておいてください」なんて言おうはずもなく、ただ夢中で食べるばかり。芸には無欲だが食いものには貪欲だ。「武士は喰わねど高楊枝」ならぬ「弟子はたらふく喰って高楊枝」である！

ちなみに、弟子が大勢集まっている時には、量があって簡単で、安くても高級感の少し漂うような物を作ります。たとえば――。

鶏肉を一人分が手の平に山盛りくらい、長ネギは一握りぐらいで用意します。

まず、鶏肉を細かく一センチ角に大量に刻み、長ネギは白髪葱より少し太めに切っておく。

これで準備完了。

次に鶏肉を炒める。火が入った頃合に醬油をジャーッと入れると、醬油の焼けたいい匂いが辺り一面に広がる。これだけで弟子たちは鼻をひくひくさせて浮き足立つ。

醬油の味が十分染み込んだところで別の器に取り置く。今度は鰹出汁に醬油、味醂、砂糖など入れた薄めの甘辛醬油を多めに作り、大きなフライパンで温める。

それが沸騰したら、そこへ先程の鶏肉を入れ（炒めているのでもうあまり煮詰めないほうがよい）、ほどよいところで溶き卵をかけ、一気に素早くかき回して火を止める。卵とじを作る要領です。

これをカレー皿によそったご飯（バターライスだとなおよい）の上におたまで二杯ほど汁ごとたっぷりかけ、白髪葱を載せて出来上がり。これを匙（スプーン）でかっ込む。そうです親子丼もどきです！　結構いけますよ。

私はこれを「親不孝丼」と名付けている。だが、弟子には言っていない。

親不孝が「親不孝丼」を食べたら共食いになりますからね。それを知ってか知らずか、弟子たちはいつも旨い旨いと食べています。

「どうだい！　旨いかい？」と聞くと、

「はい！　材料が鶏ですから、ケッコーです！」

あーあ！　こんな駄洒落を言ってるようじゃ、こいつら当分寄席のトリはとれねえなぁ！

2 初めての弟子

銀座に椀やという居酒屋がありまして、社長の渡辺さんという方が落語も好き、芸能も好きだというので、土曜の晩に椀や寄席というのをなさっていました。私もそこに何度か出させてもらっていました。

ある時、後輩が寄ってきて、

「あにさん、あにさん、来たでしょ？」

「何が？」

「何がって、ほら、弟子入りが」

「いいや」

「ええーっ、だってほら、店にいるでしょ、あの落語が好きなやつ」

「あのバイトの子だろ、知ってるよ」

「あいつ、あにさんとこに弟子入りしたいって」

「聞いてねえよ」

このバイトくんが現在の喬太郎です。でも、彼は店で会っても何も言わない。おはようございます、なんていかにも店員でございますという挨拶しかしない。噺家になりたいんだったら、「師匠！　どうもおはようございます！」とか何とか、もう少し愛想があるもんじゃないかと思いますが、全然接触してくる様子もない。

そのうち落語協会の事務局の人にまで「来たろ？」なんて言われるんですが、「何が？」「何がって、ほら弟子入りが」「いいや」……そんなこんなで一年くらいたちましたっけね、来る来ないって振られた男が女を待つような。そうしたある日、椀や寄席の楽屋で、

「師匠、あのちょっと、お宅にうかがってお話を聞いていただきたいんですが」

おっ、いよいよ来たな！　「いいよ、いついつおいで」と。もう顔見知りですから軽く返事をして楽屋を出ました。

当日、彼はきっちり背広を着て来ました。それで上がり込んできたのはいいんですが、それから延々、ずーっと四十分くらい世間話をしてる！　だんだんこっちがしびれを切らして、

「あの、君さ、うちに世間話しに来たの？」

と言うと、座布団をぱっと外して

「弟子にして下さい！」

それなら最初に言えばいいんだよ！

でも「いいよ」と即答しました。落語も好きだし、真面目だし、もう人柄も知っていましたから。

弟子入りした翌日だったか、何か忘れ物をして東京駅まで届けてもらったのが喬太郎の初仕事だったと思います。その時はさん坊という名前でした。これは小さん師匠に付けていただいたものです。

師匠のところに挨拶に連れて行って、

「師匠、今度弟子を取ることになりまして」

「おう、取れ取れ」

「名前を柳家さん歩と付けました……」

「さん坊だよ、さん坊！」

「えっ！　はあー、さん坊で……あ、あ、ありがとうございます」

もう名前を考えてくださっていたんですね。師匠にとって私のところが初めての孫弟子というわけではありませんし、当時すでに十人くらいは孫弟子がいたと思いますが、初めて弟子を取ったというので名前を考えてくださっていたのでしょう。

喬太郎も前座の頃はまだ慣れなくて疲れていたのか、私の家でよく寝てました。まあ私も師匠の家でゴロゴロしていたくちですが、でも寝てはいなかった（はずだ！）。外から帰ってぴんぽーんと鳴らすと、

「あ、師匠、お帰んなさいまし！」

「おまえ寝てたろ」

「いえ！　寝てません！」

「嘘つけ！　おまえ、ほっぺたに筋ついてるよ！」

車に乗っている時も寝る。こっちが運転してると隣で寝る。

「おい、さん坊（喬太郎）、起きろ」

「はい！」

「おまえね、他の先輩たちが運転してくれているときにそうやって寝るんじゃないぞ。失礼になるからな。眠くなったらつねってでも起きてろ」

と言って聞かせました。そしたら、

「すいません！　ボク、緊張すると眠くなるんです！」

嘘つけこの野郎！


喬太郎はすでに日大の落研でずいぶん名を馳せていましたし、後から知ったのですが、萩本欽一さんがやっていらした番組にも出て、タレントみたいなことをしていた時期もあったようです。ただ噺を聞いてみると落研独特のクセがある。だから最初に、「いままでおまえが覚えたことは全部忘れなさい、いままで覚えた噺は一切やらないように。まっさらな気持ちで一から噺を覚えるつもりでないとそのクセが抜けないよ」と言いました。

落研がよくないとは言いませんが、代々先輩から教わっているものですから、独特の調子が付いてしまうものです。簡単に言うと、てやんでいこのやろふざけやがって、みたいな極端な江戸弁で、やたら巻き舌を強調する。でもそんな江戸弁はありません。江戸弁はもっときれいな言葉です。でも落研さんはそれを強調したがる。もっとも、この頃の落研の方たちは器用だからそのクセがなくなりましたが、当時はまだありましたね。

しかし何しろ初めての弟子です。自分が育てられたことはわかっていても、実際に育てることとはまた別で、師匠がああしてくれた、こういう風にしてくれたということと、自分が弟子にそういう風にしてやれるかどうかはまったく別の問題です。私の師匠五代目小さんはともかく懐が深くて間口の広い人でしたから、すべてを受け入れてくれる。その上で、おまえああだよこうだよと教えてくれる、そういう師匠でしたが、自分はそんなに懐も深くなければ間口も広くない。どのようにしたらいいかわからないというところは正直ありました。

これでいいよな、いいはずだよな。と、いつも自問自答しながら喬太郎のことは見ていましたね。

そのうち、喬太郎は新作落語をやっていきたいんだなということがわかってきます。私は新作をやらせるかやらせないかよりも、もっと古典を仕込んでから、身につけさせてからやらせたいという思いもありました。ところが二つ目の頃から喬太郎は新作で名が通ってきました。

ある時、彼の噺を聞いていて、あ、こいつは何十年に一人のヤツかもしれないなと思ったわけです。この芽をつぶしたら、おれは大事な噺家を一人この世から消してしまうことになるんじゃないか、絶対この芽をつぶすことだけはよそう。人間として、芸人として目に余ることだけはだめだよと言うけれど、芸については、新作をやっちゃいかんとか古典をこわしちゃいかんとか言わずに、幅広く、こいつが好きなように泳げるようにしてやろう。そう思ったんです。喬太郎が入門してから七、八年くらいはたっていたでしょうか。やっとその頃に、弟子を自由に遊ばせようと思えるようになりました。

実際、弟子を取るといっても、前座から二つ目になるともう師匠のところには来なくていい。だから、自然と目の届かないところで泳ぎ始めるものです。喬太郎もその頃は（三遊亭）圓丈さんなんかと一座を組んで新作をやったりしていました。もちろん新作自体を否定するつもりは毛頭ありませんし、新作があればこそ落語は次世代にも残るものだと思っていました。古典色の強い新作落語も当世の生き方としては大切なことですから、そこになにか言うつもりもない。でも、それでいいよ、って思えるには時間がかかりました。おれはこうだから弟子のおまえも倣え、と言うのは強制だし、手枷《てかせ》になってしまう。そうはしたくないし、してはいけないなとだんだん学んでいったわけです。

実は喬太郎には一度も名前を付けてあげたことがないんです。前座の頃の「さん坊」は、お話ししたように小さん師匠が付けて下さった。二つ目になる時にまた名前が要るのですが、何にしようかなと考えていたら、亡くなった七代目志ん馬師匠が楽屋で、

「さん喬さん、さん喬さん、今度さん坊、二つ目になるんでしょ!」

「ええ」と応えると、志ん馬師匠はニコニコしながら、

「喬太郎がいいね! 喬太郎」

というわけで、他の派の師匠が付けてくださった(こんなことはまずない)。だから喬太郎には一度も名前を付けてないいんですが、さん喬の喬の字に一番上の太郎ですから、いい名前をいただいたと思っています。

志ん馬師匠は何かにつけてうちの弟子をかわいがって下さいました。ちょっと借りるよ、なんてね。ありがたいことでした。

3 枠にはめないこと

左龍が弟子入りしてきたのは、ちょうど喬太郎が前座修業を終える頃です。彼は直接うちに来ました。ピンポン、「弟子にして下さい」とね。

前座修業が終わって、二つ目になってもしばらく、半年くらいは礼奉公といって家に通ってきます。やがてもういいよ、ご苦労様、で師匠宅卒業となる。その時期に二人は重なっていました。

左龍は前座の頃、小太郎という名前でしたが、何かのインタビューに答えて、

「小太郎さんはさん喬師匠のどこがよくて入門したんですか？」

きっと「師匠が好きですから」と答えるだろうと私がニヤついていると、

「勘です」

と答えた！　勘なのか！　まあ、こういう図太いやつです。

左龍が入門して前座名を何にしようかと考えておりました。

ふと思いついたのが、私が二つ目になる時にほしかった小太郎という名でした。この名前は現六代目小さん師匠が前座の時に付けていた名前で、私の好きな名前でした。

私が二つ目になる時に、師匠に「小太郎で二つ目にさせてください」とお願いしましたところ、二つ返事で「あー、いいよ」とおっしゃってくださいました。ところが明くる日、「二つ目に昇進するのに、前座の名前を継ぐのは出世にならないから、他の名前にしな」と言ってくださいました。私はそれでもいいと思いましたが、師匠が気にかけて言って下さったことだからと、私自身は小太郎をあきらめて、そこでさん喬という名を考えたわけです。どうしても欲しい名前でしたので、師匠にお願いをして今の左龍の前座名としていただきました。

この左龍はどちらというと、自分を人から見透かされるのが嫌なタイプのようで（誰でもそうかもしれませんが）、なかなか自分の本性を見せません。一門の兄弟弟子から離れてみたり、

急接近してまた離れてみたり、見ていて面白いやつだと思っていました。

この姿はじつは私によく似ているんです。左龍を見てると、ふと自分も若い頃こうだったなぁーと思うことがある。自分と照らし合わせると、自分を見ているようで滑稽に見えることもある。次はこうするかな？　と思うとそうする。やはり自分に似ているのです。押し相撲は押し相撲に弱いと言いますが、まさにその通り、左龍も私を見てそう思っているかもしれません。

左龍は酒が好きで食べものにもうるさい、酒の事でもいろいろウンチクを言いますし、どこそこで食べた何々は旨かったとか、ご馳走しているこちらが「こんちくしょう」と思いますが、自分に似ているのかと思うと何となく許して……いや腹立たしく思うこともあります。

芸も自分なりに考えて、順調に上を目指しています。飲み歩くことでいろいろ知り合いも増えて、そのかたがたから恩恵を受けているようなのは何よりです。ただこの頃、腹が異常に発達してきて、太っ腹になったのか、ただの飲み過ぎか、やつのみが知る腹の内！


左龍も落研出身です。うちの弟子の中で落研出身は喬太郎と左龍の二人だけ。けれども経験者だというつもりはまったくありません。噺家はよく「化ける」と言いますが、変わっていくことは前提で弟子に取ります。こいつ、どうしようもねえなと思っても、やっぱりやっていくうちに、あ、こんなに変わった、よかった、と思うこともありますし、「なんだ、変わらねえな」と思うこともありますがそれは当人の努力次第です。

こちらから、こうすべきだとは一切言いません。強制するのは枠にはめることで、その枠の外に出られなくなってしまいますから。

うちの師匠は絶対に強制しませんでした。師匠は舞台袖などで噺を聞いてくれて、楽屋でいろいろと教えてくれた。あれはだめだとか、あれでいいんだよと言ってくれましたが、決して枠にはめたことは仰いませんでした。

「客はおまえの考え方なんか聞きに来ちゃいない」

と師匠に教えていただきましたが、この言葉に尽きます。ご託は言わない。これこそうちの師匠の、これぞ落語なんです。だからこそ言葉だけでは教えられない、理解できないものがあるんじゃないかとは思います。

歌舞伎だと口伝というのがありまして、ここは二歩で歩きなさい、ここは左手をこう出しなさい、といった形がある。それは何百年という歴史の中で練り上げられてきたものです。だけど落語には口伝がない、こうすべきという形はなくて、まさに一代限り。先代はこうだった、といっても比べるものではなくて、落語の場合は、お客様と、その時にしかない空気を共有するものですから、基本的に当代しかありえないのです。

ですから弟子に教えるにしても、こうやんなさい、ああやんなさい、ではなくて、そのやり方はこういう風に考えることも出来るよね、という言い方をします。もちろん大きな間違いは、言いますよ。おまえ、二階に声かけるのにどうして下向いてしゃべってんだ、とか。それは間違いであって、演じる上でのどうこうではない。理屈ばかりになると、どうしても狭くなるし、聞いているお客さんだって苦しくなってしまいますから。

うちに三番目に入ってきた喬之助は自分で自分を苦しめてしまった時期がありました。彼はもともと某スポーツ新聞に勤めていたのですが、いつか噺家になりたいと思ってずっと私のことをつけ回してたそうです。浅草に出れば浅草に、紀伊國屋に出れば紀伊國屋に来ていて、私が楽屋を出て駐車場に行くと、あ、まずい、師匠が出てきた！　隠れよう！　って、ぼくの車の陰にうずくまっていて、私はそんなこと知らずにすーっと帰ったんですけど。どうやらうちまで来ていたらしく、うちの戸口から何から全部知っている！　要するにストーカーです。

その彼がある日楽屋に訪ねてきて、噺家になりたいと言う。まあ美男子とは言えないが、いい顔しているし、君、別に噺家にならなくてもいいんじゃないか、そのまま新聞記者をしていた方がいいんじゃないかと断ったのですが、結局弟子に取ることになりました。

真面目なんです。うちの弟子はおかげさまでみんな真面目なんですが、喬之助は真面目すぎて悩んでしまった。

ある時、ぼくが帰ると喬之助がマンションの入り口のベンチに座っているんです。

「おまえ、何してんだ、こんなところで」

「師匠、ちょっとお話が……」

聞いてみると、

「いま自分は頭の中がコンクリートみたいで、この固まった頭の中を壊したいんです」

と言う。結局、彼は落語が好きで、たまらなく好きで、この人のこの噺がいい、とかとてもよくわかっていて、自分が噺家になることでそこに同化できるんじゃないかと思っていた。ところが、落語を聞くこととやることとはこんなにも違うのか、と悩んでしまったわけです。

「師匠、ぼくが客だったら、ぼくの噺は絶対聞きたくありません」

これはもうやめたほうがいいと思いました。自分を苦しめてまでいる世界ではありませんから。

「なあ、やめたらどうだい?」

「やめたくはないんです!」

困ったなあ。ここまで自分を追い込んでしまった子をクビになんて出来やしません。

どうしようか。そうだ、こいつに好きなことをやらせてやろう、落語以外のことをやらせてやろう。それで喬太郎と左龍と、ちょうど四番目の喬四郎が弟子入りしてきたところだったので私と喬之助入れて五人で「さん喬一族の陰謀」という舞台をやりました。

喬之助には漫談をやらせて好きなように喋らせたり、ニール・サイモンの研究家でもあり、脚本家・演出家・翻訳家と活躍している中央大学のマルチ教授（私の新作落語も書いていただいている）黒田絵美子先生に台本を書いてもらってお芝居をしたり、おまえ、手品好きだったよな、今回は手品やれ、とか。物事にも芸にももっとフランクに立ち向かえるように、ともかく好きなことをやらせました。五回くらいやりましたが、喬之助のためというより、私も勉強になりました。

それからようやっと、そうか、そんなに考え込まなくたっていいんだって、ぱあっと吹っ切れたのでしょう。いまは明るくなって、うるさいくらいです。だいたい師匠を師匠とも思ってない。

「だってさあ、師匠」

「馬鹿野郎、おまえ、師匠に向かって『だってさあ』って言い方があるかい、この野郎！」

これが一時は「ぼくの頭の中はコンクリート」って言ってたヤツですよ。

4　真摯と素直

四番目の喬四郎（いまは喬志郎）は、いまでも不思議なヤツだと思っています。

彼は、池袋演芸場で終わって楽屋から出てきたところへ、西武百貨店の袋を提げて、人をかき分けながらこちらに向かって大きな声で、

「すいません、すいません、あの、弟子にして下さい!」とデパートの袋を振り上げながら近づいてきた。あ、これはおれにお土産かなにか持ってきたんだろうなと思いましたが一向に手渡す様子もない。後になって、あれはおれに買ってきたんじゃないのか、と聞くと、

「あ! あれは私のパンツです」

要するに、買い物ついでに弟子入り志願に来たんだ……!

話を聞いてみると、「いろんな表現をしてみたい」「自分で考えたことをみなさんに笑いとして提供したい」とか真面目なことを言っていましたが、実はもともとお笑いに行きたいと思っていた時に、テレビで喬太郎の新作落語を観て、ああ、こんな面白いものがあるんだ、こんな面白いものを教える人は誰だろうって、調べたら私だった。私の噺なんか聞いたことがなかったそうです。それがわかったのは入門して半年くらいたってました。だったら取るんじゃなかった!

『松竹梅』という二十五分くらいの噺を喬志郎に稽古した時のことです。もう覚えたかい、と聞くと覚えたと言うので、じゃあ聞いてやろうということになりました。

この噺は、松竹梅という三人の長屋連中がご隠居さんのところに行って、婚礼の席で余興をやる噺ですが、「こんちはー、隠居さん」という隠居の家を訪ねる前段があります。ところがこの前段をやらずにいきなり途中からやり始めた。

「おいおい、ちょっと待って。最初からやりなさい」

「いえ、最初覚えてないっす」

「なんで覚えないの？」

「最初の方は、いらないと思いましたから」

「馬鹿野郎、噺にいるもいらないもおまえが決めるのは百年早ええ！」

噺には順序というか、序も破も急もある、それを序も破もなく急だけやって面白いと思うのか？　と。

「おまえはね、もうちょっと落語に真摯に取り組みなさい」

「はい……」って黙り込んだと思ったら、顔を上げて、

「師匠、半紙にシンシっていう字を書いて下さい！」

こいつ、おれがシンシって字を書けないと思ってやがんな！

「そ、それ、どうすんだい！」

「はい、壁に貼ってそれを観て、いつもシンシにやりたいと」

「そ、そうかい」

部屋に行って、辞書見ながら半紙に書きました。「真摯」と。

そんなこんなで途中で新作やったりしながら、いまは真打になって右往左往しながらもがんばっています。幸いなことに、喬志郎を育てたいという方がいらして、喬志郎にトリで大きな

噺をしてもらいたいという話がありまして、喬志郎には無理なんじゃないかというような大きな噺でしたが、ちゃんとやりとげていました。前段を要らないなんて言っていたやつですが、長いことやってきてちゃんと噺を捉えられるようになったのでしょう。

五番目に入ってきた小傳次は、もともと声優でした。亡くなった二代目柳家さん助師匠から「さん喬さんのところに弟子入りしたいっていう若いのがいるんだけど」と頼まれて、断るわけにもいかず、お引き受けすることにしました。

来てみるとなかなか美男子で、ほっそりしていい男でした。ところが今はぶくぶくに太っちゃいました。おまえ、もうちょっと痩せろよ、と言うと、痩せてくる。お、ちょっとスマートになったね、なんて言っていると、次に会ったときはまたぶっくぶく。風船か、おまえは！

小傳次は声優の出だから落語も声優っぽくなるかと心配していたのですが、そうでもなくて安心しました。声優だと、女だったら女っぽく、おじいさんならおじいさんぽい声で、声柄を変えますが、落語ではそれはタブーなんです。もちろん花魁や若い娘さん、子供なんかはそれらしい声を出しますけど、長屋のお内儀さんなんかは「何言ってんだいおまいさん、馬鹿言ってんじゃないよ」と地声で言うだけで女の人に聞こえるものです。それっぽくもできるけれど、しないのが落語です。小傳次はそれが普通にできたので、これはなかなかいいと思いました。素直というのは大事なことです。

小傳次も真打になったところですが、噺家としてはまだまだこれから。この頃は真打になってからが勝負、真打がスタートラインと言ってもいいでしょうね。気障なやつでバイオリンかなにかの稽古をしているんです。おまえは川上音二郎にでもなるつもりか？　て笑っていますが、それがたとえば噺のなかにバイオリンを取り入れた新しい語り芸になるとか、役に立てばいいんですけれど。芸人は何をやっても無駄なことはありませんし、何が身に付くのか付かないかはわかりませんから。

しかし入門したときは酒が飲めなかった小傳次も、いまじゃ居酒屋で普通に「生《なま》ください」とか言うようになりました。うちの弟子たちはなぜかみな酒を飲むようになりますね。ぼくはいまだに飲めないのに！

この小傳次の作るチーズケーキが絶品なのです。甘さ、酸味、堅さ、みごとに程がよい。まるでパティシエのようだ。小傳次よ、落語のパティシエに早く成れ！

5　弟子の甘え、師匠の甘え

小傳次の次がさん助です。本名、益子敦（名は体を表わさない）。これがもう、前代未聞の変なやつで。

ある日、うちに手紙が来ました。綿々とキタナイ字が書いてある。しかも葉書で入門願いなんです。普通封書でしょ？　そのキタナイ字の入門願いが、三、四回来ました。何度も手紙出すくらいだし、それだけ噺家になりたいんだろうと、とりあえず会うだけ会って話をすることにしました。

上野で待ち合わせて、ちょっとお茶でも、と上野のルノアールに行ったんです。その日は雨が降っていて、あいつもビニール傘を持っていたんですが、店についても傘を持ったまま突っ立ってる。「まあ、座りなよ、傘置いてさ」って言ったら、持ってる傘からただ手を離しただけ。バタンと傘が倒れて周りの客が振り返る。まあ、落ち着きなよって。

コーヒーを注文して、「ミルク入れるか？」って聞いたら、入れるって言う。かすかにふるえる手でミルクピッチャーを持ちカップの外側にミルクをだばーっ。カップの下が真っ白になって、「すみません、すみません」って拭いてる。まあ、まあ落ち着きなさい。とにかく座って。

今度は砂糖を入れるってんで見てると、シュガーポットの中にあるスプーンで砂糖をすくい取って、そのままコーヒーをかき回しちゃった。しかもそのスプーンをポットに戻しちゃったもんだから砂糖が茶色に！　ほんとにこいつ緊張してるんだな、と思っていたんですが、弟子にしてみたら、ちがった、緊張なんかじゃなかった、地だったんです。もともとそういう変なやつだったんです。

私の身内に不幸があった時の話ですが、私は祭壇側に座っていました。うちの弟子はみんな手伝いですから、「お焼香は一番最後にするんだぞ」って言っておいたんです。さん助はまだ前座でさん角という名前でしたが、お焼香というのが生まれて初めて、後ろで並んで見ていてもみなが何をしているのか今ひとつよくわからない。どうも何かつまんで頭のところに手を挙げている。で、自分の順番が回ってきたとき、お香と炭を前にして炭の方に手を突っ込んで、あち！　あち！　あち！　って三回やったんです。みんなが頭のところに手を挙げるのは熱くてやってんだろうと思ったみたいなんですね。もう、親族席でみんな笑いをこらえるのに必死ですよ。

まあ数々奇行はあるものの、噺家としては、こういうのがいてもいいよな、と最初は思っていたんです。けれども稽古をしてみたら……こいつはだめだ、と。

あいつは茨城の出でなまるんです。それは仕方ないにしても、こういう奇行の男ですから、説明しても理解できない。緊張で固まってしまうんです。たとえば、刀で紙を切ろうとしている場面で、げんこつを握ったまま刀を引いたら指が切れちゃうだろ、だから手を開かないとだめじゃないか、と説明する。でも何回そう教えても手を握っちゃう。こりゃだめだ。

ですけど噺を聞いてると、面白いんです。間口が広い。奥行きはないんですよ、でも間口が広い。だから間違っていても面白い。

間口っていうのは理屈じゃないんですね。だいたい噺が理屈っぽくなると理解させようと思うから間口がうんと狭くなってしまうものですが、間口が広いとそういう理屈抜きに物事が入ってくるから、聞きやすいし、聞いていて安心するんです。うちの師匠とさん助を比べることはもちろんできませんが、間口の広いところは似ています。

噺を聞いてると、間違ってるところはありますが、ああ、こいつは面白い噺家になるだろうなと思ったんです。だからさん助に稽古するときは理屈は教えないことにしました。教えると、教えてもらった理屈をなんとかその通りやろうとして、ぐーっと間口が狭くなって、面白くなくなっちゃう。そういう性格のやつですから。そしたら案の定、面白い噺家になりましたね。

次のさん若は、前はレコード会社に勤めていて、矢沢永吉のファンなんですよ。喬志郎は忌野清志郎のファンでしたかね。だから音楽のことはやたらと詳しい。時代がちがうんだなと痛感します。

さん若は入門当時から若くは見えなかった。そこで二つ目になった時にさん若と付けました。いまは落ち着いたいい噺をするようになりました。たしか実家のお父さんが六十歳で再婚されて妹ができたんですよ、三十歳下の。おにいちゃん……って、どう見てもオジサンだろ。

さん若が前座の頃、ある日私が鈴本の出番を終わって出てきたら、道路の向こうであいつがタバコ吸いながら歩いてる。うちは前座の間はタバコ禁止なので、次見つけたらクビだからね、と言ったらぴたっとやめました。いまも吸ってないいんじゃないかな。こういう素直なところがあるんです。

この頃、そのさん若が少し変わってきました。

いろいろと私の身の回りのことに気を遣ってくれたり、皆で集まるとはしゃいで皆を笑わせてみたり、大変に明るくなってきました。小傳次・さん助が真打になった今、一門の二つ目の出頭になって皆を束ねていかなくてはって、自覚が出来たのでしょうか。

それとさん若は、肌が褐色で——いや地黒と言ったほうがいいかも——それがこの頃美肌用のクリームなんぞを付け始めた。肌のシミ抜きの話など真顔でする、着る物にも気を遣う、そうなんです！　皆さんのご推察通り、好きな人が出来たようで、私どもの言葉で言えば、

「さん若、女が出来たようです……！」

てなことになりますが、そのお相手の女性に「よくぞさん若を相手にしてくだすった」と感謝するばかり。とにかく私の一門は色気がない。皆な適齢期をとうに過ぎているのに結婚しているのは喬太郎、左龍、さん助と三人だけ。他の七名は音沙汰なし。いよいよ四人目がやっと幸せの鐘を鳴らし始めたようだ、あのどす黒い顔で、一生懸命、ロープを引っ張ってキンコンカンコン、キンコンカンコンとならしている……今はただ、ロープが切れないことを願っている！

このさん若も、まあ来年（平成三十年）には真打になりますから、一層ロープを引かなくてはならない。今のままの芸を続けていけばきっと世間からも評価されるだろうなあと私は思う

んですが、どうもこれは親の欲目らしい。やっぱりどこの師匠も自分の弟子は可愛くて、弟子を否定するとか嫌いになるなんてことは果たしてあるんだろうか、と思ったりします。

弟子って面白いなと思うのは、師匠はおれの性格知ってるよな、と向こうは思っているんですよね。だから左龍なんかはこれくらいなら許してくれるだろう、って甘える。

他の弟子もそうです。陰で弟子たちが私の話をする時に決して褒めてはいない。「うちの師匠もいいけどよ、どうしてああなのかなあ――」とか「なになに師匠いいよ、それに比べてうちの師匠となるとなー」とか、きっと悪態をついていると思います。でもそれは師匠に甘えているからで、本当に思っていたら師弟関係は崩れ去ってしまいます。師匠は弟子に甘え、弟子は師匠に甘えているからこそ、成り立つものなのかもしれません。

師弟関係のなかでひとつだけ互いに思うことは、師匠は弟子が一人前（噺家として喰っていける）になってほしいと思うこと、弟子は一人前になるための努力をすること。ここだけは甘えてはいけない。「厳しくなくては！」と常に思っているのですが、どこかで甘えさせているのかもしれません。

6　弟子とりどり

その下の喬の字というのは、これまた不思議なやつです。彼はとんがった靴が大嫌いなんだそうです、あのアラビアンナイトみたいな。でも入門志願の時はそれを履いて、背広姿で鈴本の幟《のぼり》の陰に隠れてて、私が高座を済ませて出てきたところに「あの」って声をかけてきました。てっきり、保険の勧誘かと思いましたよ。

入門してから看護学校にも通って、前座の間に卒業して国家試験も受けてるんですよ。それで研修もして、まだ金もないもんですから、夜間看護師をやって朝うちに来てたんです。まあ努力家といえばそうですけど、要は意地っ張り。

たとえば車で高速走ってるときに、あいつは追い越し車線を走る。おまえ、ここは追い越し車線だから走っちゃいけないんだぞ、って言うと、はい、って中に入る。でもしばらくするとまた追い越し車線を走ってる。強情なんです。

そんな喬の字が偉いな、と思うのは、スナックや小料理屋に飛び込みで落語会やらせてください、とお願いできる勇気があることです。ふつうやらないですよ、飛び込みなんて。でもいろんなとこへ行っていろんな知り合いを作ってるようです。ただ、喬の字にも言ったんですが、おまえな、そういう場所があるからっていって、かえってそれに縛られるようになるぞ、自分から頼み込んだからどうしても義理を欠いちゃいけないってことになって、どうしても縛られていっちゃうからな、ほんとに落語会をやるために行くのか、しがらみで行くのか、ちゃんと考えないとだめだぞ、おまえ、セールスマンになっちゃってるよ、ってね。まあ性格なんでしょう、毎日毎日、打ち合わせだなんだって出掛けてます。

落語はまあ場数ですから。才能もありますけど、才能半分、場数半分です。いくら稽古だけしても、お客さんと相対するのとは違いますからね。場数を踏めばうまくなります。

喬の字は最初、岩槻から私の家のある東西線東陽町まで通ってきていました。たいそう遠いです。しばらくして葛西に引っ越して私の家に少し近づいてきました。それから隣町の木場に引っ越してきて、次に引っ越してきたのが東陽町、私の家から一五〇メートルほどのところ。今、隣のマンションに住んでます。もうしばらくすると私の家に越してくるんじゃないかと気を揉んでいます。

時々うちに顔を出しては「何かすることないスカ」と言ってきてくれる。何もないよと言うと「そっスカ」と言って昼寝などして帰る。時折私に来た手紙など平気で読みふけっている。やっぱりこいつは私の家に引っ越してくるつもりだ！

噺もなかなか考えてよくなっている。そのうち、私の家で落語会やらせてくださいと言ってくるかも？　私が客になっていたりして？

その下が小太郎です。彼は荒川公園でおさるの電車の運転手をしてたんです。自分もサルみたいな顔してますけどね。

あいつは池袋演芸場で弟子入り志願に来ました。自分の高座を終わって、エレベーターに乗ろうと思ったらあいついきなり飛び込んできたんですよ。「弟子にしてください！」って。でも密室のエレベーター。断ったら刺されるんじゃないか、とか思いながら、またゆっくり話聞こうね、なんてその時は帰しました。目が真剣で、落語が好きなんだろうな、とは思いましたけど、怖いですよ。顎突きだしてあの顔で迫られたんですから。

後日、おまえどうしておれんとこに来たんだって聞いたら、

「いやぼく、池袋演芸場へ落語聞きに行って、ああ、師匠の噺おもしろいなあと思って、もういっぺん聞きに行ったらやっぱりおもしろいなあと思って弟子入りを」

「するとなにか？　エレベーターで飛び込んできたのはその二回目ってことか！」

「そうです！」

それまで他に落語を聞いたことがないんだとか、まあいい度胸してます。

人なつっこくて素直でいいやつなんですけど、自分が得意な噺ってのがだんだんわかってきて、得意な噺だからお客さんにもウケる、そうするとその系統の噺ばっかりするようになっちゃう。私もそういうところがありましたけど、小太郎も似ています。それじゃ幅が狭くなっちゃうよ、もっといろんな噺を勉強しないと、って言ってます。昔は五つ得意な噺があれば食っていける、いや三つもあればいい、なんて言われたこともありますけど、いまはそういう時代じゃありません。なにしろ一日に二十も三十も落語会が開かれるのですから、どんどんいろんな噺をやっていかなきゃならないんですよ。

この小太郎は、なにかにつけてしたり顔をする。大学卒業しておさるの電車を運転していたくらいですから、なにか達観した物の見方をしているのか、先輩たちが話をしているのを聞いて「ふーん」などと返事をするのを見ていると、どこか僧侶を思わせる。仏教系の大学を卒業したそうですから、なるほどそういうことなのかとも思いますが、時々、兄弟子に指図をしたり、ため口で「それがさあ」とか「兄さん、それはダメだよ」とか言っているのを聞くと、兄弟子たちはよく怒らないもんだと感心します。とうの昔なら、「兄弟子になんだその口の利き方は！」と誰もが怒ったでしょうが、小太郎を怒っているところを見たことがない、それどころか「そうか、おまえの言うとおりかもね」なんて従っている。小太郎の人徳なのか、そうとも思えないのですが、とにかく先輩たちと仲のよいことは何よりだ。

小太郎の下が小んぶです。は一メーター九〇くらいあります。小太郎が一メーター六〇ないですから、身長差が四十くらいある。それで二人に『初天神』を芝居でやらせたことがありまして、小太郎が子供役、小んぶがお父さん役で、小んぶに小太郎を振り回させたんですけどこれがうけました。これでちっちゃい子供役のほうが兄弟子ですから小言を言うわけですよ。「おまえ、だめだよそんなんじゃ」「何が悪いんすか」って滑稽ですよね。はるか上を向いて小言を言う兄弟子小太郎、見下して謝る弟弟子の小んぶ。落語に『長短』というのがありますが、まさに長短！

入門に来たときは、背もおっきいし、こういうのも面白いかな、という気持ちで弟子に取ったんです。しばらくしたら（三遊亭）圓丈さんが、

「よ、さん喬さんとこにごっついでかいの来たでしょ？」

「来ましたよ、取りましたよ」

「あれ、おれんとこに来たの」って。

小んぶはもともと円丈師匠のところへ弟子入りに行ったんです。で、おまえ落語家は誰が好きなんだい、って訊いたら、小さん師匠だって言うんで、小さん師匠が好きだったらおれんとこ来たってしょうがねえ、さん喬さんとこ行けよ、って言ったかどうかはしりませんけど。まあ、小さん師匠が好きなんだったらやっぱり円丈さんとこ行くのは筋違いですよね。でも円丈さんのところへ行っていたら、違った面白さが見出せたかもしれません。

もともとコントかなんかやりたかったけれども、落語家も一人でいろいろできて面白そうだってんでこっちに来た。一回コントをやりましたけど、もうそれはやるな、って。座興でやるのはいいけど、おまえは噺家になったんだから、まずは噺をやれって。いまは九年くらい経ちましたから、好きなことやらせています。がたいがいいからお客さんの目を引くんですよ。

この小んぶが、なかなか思うようにならない。こちらの言っていることがわかっているのかわかっていないのかわからない。なにを言っても「ハーッ」「ヘーッ」とかの返事ばかり。わかったのかと思うと、これが見事にわかっていないことがわかる。わかっていないのかと思え

ばちゃんとわかっている。大男、総身に智恵が廻りかねとか言いますが、そこまでひどくはなくて気がつくところはちゃんと気がつく。だがどうしても他の兄弟弟子に寄りかかってしまうところがあります。あの大きな体で寄りかかられては小太郎などひとたまりもないですが。

小太郎と小んぶが並んでいると、さながら義経と弁慶ですが、この弁慶がなんとも頼りない。甘いものが好きで、家に到来物などあると、小んぶのためにいろいろ好きな菓子など取りそろえて支度をしておくのですが、大きな声で「ありがとうございます！」と喜びを表すのに見事にその菓子を忘れて帰っていく。やはり大男、総身に……なのか。

でも「この菓子、賞味期限が切れますよ」とか言って余計な品も堂々と持って帰る!!

一番最後の弟子はやなぎですね。彼は北海道の十勝のほうの牛舎の倅です。もともと日活の制作のほうに行きたかったみたいなんですけど、友達に落語に誘われて、はまっちゃったそうです。

うちの喬之助がやたらやなぎ（前座のときはさん坊）をいじめるんですよ、可愛くてしょうがないんですね、一番下だから。やなぎがアパート借りなきゃいけないってことになったときに、馬鹿野郎、おまえなんかがアパート借りるなんて生意気だ、とか言いながら、一番一所懸命探して、自分のバイクの後ろに乗っけてあちこち回ってここがいい、ここ借りろよ、なんてね。

やなぎは北海道の出なのに、鮭の皮がきらい、カニもきらい、ウニはダメ、イクラもきらいって北海道産のものがみんな苦手なんですよ。牛乳はよく飲むんですけどね。酒は強いし好きなんで、中ジョッキなんて三口で飲んじゃいますね。たまに車で出掛けた時に、いいよ、帰りはおれが運転するから飲めよ、と言えば、大概は「いえ、とんでもありません」とか言ってガンとして飲まないものですが、やなぎはニカッと笑って「いいんですかー」とか言って三杯四杯は軽く飲む、どれだけ飲めるか底が知れません。ひょっとしてこいつには肝臓がないのかもしれない。

それでも、私の着物のことや仕事のことも心配してくれて、朝早く出かける時など早起きして来て、私を空港まで送ってくれたりする。仕事先に付いて来てくれることも良くある。そんな時に電車賃を渡すと「いいえ、結構です。とんでもありません」と言いながら手を出してくる。憎めない！

やなぎの前座の頃は噺を正面からとらえて演じていましたが、なにかその真っ直ぐさが気になり、こいつは二つ目になったらやりたいことをやりだすぞと思っていました。案の定、豹変しました。あの道産子の純朴さが消え去り、ただただ都会人のような噺を前面に出して笑いを取る。それがよくすべるのだがそれでも向かっていく、牛のようにのそのそと……向かわれた客は迷惑です。でもそのあたりが道産子魂なのかもしれません。

落語会が終わってお客に誘われて飲み歩くやなぎには、鯨飲馬食、牛飲馬食、暴飲暴食、この熟語がすべて当てはまる！　いずれにせよ肥り過ぎだ、腹が出て太っ腹！　ならいいが！

気をつけろ道産子。

7 親子でもなく友達でもなく

うちに来た弟子はみんな、かならず太る。なんでかなあとは思うけれども、太る。ほんとに太る。酒も飲む。小んぶもそうだし、やなぎもうちへ来たときは細かったのにもうまん丸。自分のことを振り返ってみると、師匠のところに弟子入りしたときは五十八キロでした。高校卒業して四月に師匠のところに行って、八月には八十五キロ。この間たった四カ月。ストレス太りですね。それが慣れてきたらば、自然と痩せて六十ちょっとまで戻りました。だからうちの弟子たちが太るのも修業のストレスだって思おうとしているんですが、うちの弟子は絶対にちがう。食い過ぎですよ、あれは。

亡くなった扇橋師匠がよく仰ってました。

「芸は師匠が育てる、人間は内儀さんが育てる」

とね。私は師匠小さんから芸も人間も教わったつもりですけど、芸人としてでなくて人間として、いろんなことを教えてくれたのはたしかにお内儀さんです。「人が悪口を言っていたらおまえも言ったことになるからすぐいなくなれ」とか、「みんなでわーわー騒いでるときは自分がしくじったときの話をしろ、褒められたときの話なんかするな」とか。

先にもお話ししたように、あるとき、師匠が狸柄の浴衣をお作りになって、いろんなところにお配りになって弟子にも一反ずつくださった。で、お内儀さんが二階から「小稲、ちょっとおいで」すると、また一反くださる。「いや、お内儀さん、こないだ師匠からいただきました」「いいんだよ。小稲、見てる人は見てるんだよ」。

こういう風に自分の弟子にも教えたいと思うんですけど、なかなか出来ません。かち一んと来ますからね。「見てる人は見てるんだぞ、このバカヤロー!」なんてことになっちゃいますよね。

うちは隠れるところがないんですよ。小さん師匠んところはお内儀さんと師匠が二階に上がっちゃえば階下は前座の天国でしたけど、うちは狭いからいつも見られてますし、だから間違ったことをしないようにということは身につくのかもしれません。私は弟子を取ると、前座の間は基本的に毎日来なさいってことにしたんです。ですが、思いと実際は違います。自分の時間もない、それこそパンツ一丁で部屋にいることもできない、一人になれるのは寝室かトイレしかない。でも弟子に取ったんだから、弟子と同じ世界を共有しなきゃなって。だからうちの弟子たちはみんなフレンドリーなのでしょう。同じところで同じように暮らしてきたわけですから。

ただ、フレンドリーがよいことばかりではありません。いまの前座さんたちは、お酒の席で瓶の底に残ってるビールを自分のところに入れちゃったりするんです。残しておくのはいけないと思い注ぐのでしょうが、それはだめだよ、手酌はしちゃいけない、勧められてはじめて「そうですか」ってうけるのがわれわれの業界なんだから。さあ飲みなさい、どんどん飲んで、って言われても、遠慮するのがこの業界なんだからねって話をするんですが。勧めもされないけど手酌でがばがば飲んでたら、「どこそこの弟子は酒にいやしい」とか言われて評判下げますからね。

うちの喬志郎、これはまた甘いものが好きで、みんなでわーっとお酒飲んでるのにいきなり自分だけデザートとか頼んじゃう。これもどうかと思いますがね。

噺家としての礼儀作法は弟子同士で教えたりしてるみたいです。喬太郎から小傳次にとか、喬志郎にとか、左龍が気付いたことを弟弟子にとかね。ですからそのあたりは私はあまり気にしていません。うちの弟子たちは喬太郎のことは尊敬している(ひょっとして私より)、というか一目置いてますから、だからまとまっているんです。軸になるのがいるといいんでしょう。うちの師匠んとこでもやっぱり馬風兄さんが何か言えばまとまりますから。「馬風兄さんが言ってるんだから」って言えばね。そういう軸があるってことは一門にとって大事なことですね。

うちの場合、喬太郎が私に対していまだに一番言葉遣いも丁寧で、他の弟子みたいに「師匠、ほら、あれでしょ」なんて言い方はしません。一番びくびくしているというかね。「おまえ一番弟子なんだから、いいじゃん、もっとフランクにやっても」って言うんですが、しない。けど酔うと私に向かって、「おじさんさあ」って頭をなぜたりする。それを見て皆が笑う。おれはお前たちの友達じゃない！

師弟というのは親子じゃない、血縁がなくて、育ちも生まれももちろん違う、考え方も価値観も全然違う、それが同じ傘の下に入る。それでもなぜかうちの弟子たちはみんな仲がいい。師匠と弟子は仲が悪くても、弟子同士はいい。みんな集まると、私なんかさしおいて、わーっと盛り上がっています。少しは話しかけろ！　たまには芸のことでも訊け！　おれは師匠だ！

●落語キッチン⑤

ごはん

「おい！　おまんまでも行こうか？」と先輩に声を掛けられ「へい！　ご馳走さまです」といそいそ、わくわくその後についていく、この「いそわく」が貧乏噺家には、どんな物をご馳走してくれるか期待感を膨らませ何とも楽しい。先輩は一人で食事するのも寂しいし、後輩たちに何か少しでもしてやりたい気持ちがこの「おまんまでも行かないかい？」との誘いになる。

「おまんま」とは白米のご飯のことですが、われわれ噺家はご飯のことばかりではなく、食事のことも「おまんま」と言います。

「ちょいと、北山（きたやまは、透けてみえる）だね、何か載せ（舌の上に食べ物を載せる）ようか？」これは、「ちょいとお腹が透いた（空いた）、何か食べようか」という噺家の符牒です。

「おまんまを食べない？」と誘われた時は「何か食べない？」と言われたことなのです。

お蕎麦を食べる時は「蕎麦でもたぐろうか」と言う。

パスタなどを食べる時は「ちょいと一本すすらない」とは言わない！

お酒を飲む時は「軽く、いってれつ（一杯）、行かない？」と言う。

ソフトクリームを誘う時は「軽く一ペロリ、行かない？」とこれも言わない。

「おまんま」という言葉は、幼児語の「うまうま」が転訛した言葉だそうです。うまうま……まんま……おまんま、ですから本来は旨いものをさした言葉なのでしょうね。

ですが大の大人が「うまうま、食べたいなー！」と言うのはどこか気持ち悪い。食事に誘う時に「うまうま、食べに行こう！」なんて言えば……きっと誰もが「気持ち悪るー」と逃げ出すかもしれない。

けれども「おまんま」は「ご飯」と言うよりはるかに、暖かみがありますし、何とも粋に聞こえます。何とも親しみのある言葉ではないでしょうかね？

この「おまんま」、落語の中ではキーワードとしてよく使われます。本来は男言葉だと思いますが、男女言葉に区別が無かったある時期の江戸では落語の中に「早くおまんま喰っちまいなよ」なんてよく出てきます。女性が使う男言葉は落語の中でしか使われなくなったのかと思ったら、電車の中で女子高生たちが「ねぇ！　腹減ったね、飯でも喰ってかない？」などと大きな声で話していた。

相撲取り小車《おぐるま》は人の五倍も飯を食うので親方の武隈《たけくま》は一人で五人分も喰われては部屋が立ち行かないと破門する。

あっ！　これ落語の話ですから！

噺の続きです。途方にくれた小車は悔いの残らないよう思い切りおまんま食べて死のうと覚悟を決める。

宿屋の飯をあらかた食べてしまった小車！　どうも様子がおかしいと、板橋の旅籠の主人善右衛門が「私がおまんまのことはどうにでも面倒をみてやるから、相撲道に励みなさい」と根津の親方錣山《しころやま》に話をすると「相撲取りはおまんま喰うのが仕事みたいなもの、旦那からの米の施しは結構ですから、この男が幕に入る時には、しるし物でも祝ってやってください」と引き受ける。名前を小緑《こみどり》。精進を重ね、わずか百日の間に旧親方武隈との取り組みがふれられるほど出世をした。師匠の錣山は「明日は、お前の旧師匠武隈関との相撲しっかりとれよ」

「へい！　もし負けるようなことがあったら板橋の旦那に申し訳が立ちゃせん、おのれ武隈！　おまんまの仇！」

と見事に武隈に勝つ。やがて小緑は六代目横綱阿武松《おうのまつ》長吉として上りつめる――。

落語『阿武松』という噺です。

江戸は武家の町、ですからおまんまは「白米」、金も無いくせに、いなせを気取って意地を張り。

「てやんでい、麦飯なんぞ江戸っ子が喰うものじゃあねいやい」

確かに白米は当時の食料事情から考えると贅沢な食べ物、ひいては旨い食べ物で、おかずなんかなくても沢庵を刻んでそれをおまんまに載せお茶を掛けて食べるだけで十分だった。

落語『垂乳根《たらちね》』の一節。大家の世話で嫁がくる事になった長屋の八五郎、「大家さんの言うには、今日来る嫁さんは屋敷奉公をしていたから、言葉遣いが馬鹿丁寧とか言っていたが、なんでもいいや。飯を食うのも今日から二人、かかあが向こうに座って、俺がこっち、沢庵で茶漬けなんか食うんでも、カミサンの茶碗は薄いから箸が当たってもいい音がするよ『チンチロリン』なんてね。俺のはごろはち茶碗だから箸が当たってもごつい音だぜ『ゴーッゴッ』なんてね、『チンチロリンのゴーッゴッ！　ゴーッゴッのチンチロリン』なんてね〜〜〜っ」と一人悦に入る。

やがてカミサンが来てあくる朝。朝ご飯を作るとき米のある場所がわからず八五郎の枕元へ来て「あーらわが君、しらね（白米）のありかいずくなるや」

「しらみ？　そうか掃除も満足にしていないからな、しらみぐらいいるかも知れねい」

こんなやりとりにも、いかに江戸っ子が白米にこだわっていたかわかります、白米にこだわり、おかずにこだわらない江戸っ子は、ビタミンが少なく、脚気になる人が多かったそうです。これを「江戸わずらい」と言ったそうです。

『短命』という噺では、出入りしているお店の娘さんのところへ婿さんが来るが、皆半年ぐらいで亡くなるがどうしてですかねー？　と隠居に聞きに来る。隠居が夫婦の様子を色々聞くと、娘の両親は亡くなり娘一人、店は番頭がしっかり守っているので心配は無い。婿さんと娘は誰に邪魔される事無く奥の離れで二人っきり、おまんま食べるのも二人っきり！　隠居はそれを聞いて「八っつあん、その辺が短命かも知れないね」

「えーっ！　どの辺が？」

「いいかい！　奥の離れで二人っきりのおまんまだ、その娘さんは町内でも評判の美人、おまんまを茶碗によそって、それを手渡す、その時に手と手が触れる、渡そうとした時に着物の袖口が上がって白い肌が覗く、顔を見上げるとふるいつきたくなるほどのいい女、店は番頭任せ離れで二人っきりだ！　短命だろ」

「なんで？」と何度も聞きなおす八五郎。はっと気が付いて、

「早い話が仲が良すぎるんだ」

「まあ、そういう事になるかな」

やっと納得して家へ帰り、自分のカミサンで同じように試してみようと、めしをよそわせると、なるほど手と手が触れて着物の袖口が上がり、白い肌が覗けた。

「おお！　隠居さんの言う通りだ！」と八五郎は大喜び、茶碗を渡されたカミサンの手を握ったまま、そーっとカミサンの顔を見上げた八五郎、

「あーあ！　俺は長生きだ！」


落語の『短命』ですが、縁起を担いで『長命』とも言います。

この下げが十五年間わからなかった落語協会の女性事務員がいます。わかった時はゲラゲラ笑っていました。世のご亭主方、今日あたり奥様に「俺は、短命だなあー」と言ってみてはいかがですか。間違っても「長命」と言ってはいけません、本当にその場で短命になるかもしれません！　あな恐ろしや！

第三部

外つ国にて

1 バーベキューと落語

アメリカのミドルベリーという町をご存じでしょうか。

「ミドルベリーなんて聞いたことなーい」

という方が大半ではないかと。ミドルベリーはバーモント州（アメリカの北東部ニューヨーク州とニューハンプシャー州に挟まれた州で、カレーの生産地ではありませんから念のため）にある、一年のうち五カ月間も雪に埋もれる小さな町です。

もちろん日本からの直行便はありませんから、まずはシカゴまで飛行機に乗って十三時間、国内線に乗り換えて二時間でバーリントン空港に。そこから車で一時間かかります。カナダのモントリオールまで車で二時間半程度ですから、当然、特産品はメイプルシロップ！

とにかく見渡す限りの森と野原に、牧草地や湿地帯には色とりどりの草花。彼方に望む山々は映画『サウンド・オブ・ミュージック』のトラップ一家が移り住んだ土地であります。ドイツ軍から逃れ、アメリカへ移り住む時、つらい逃避行の最中に心を癒してくれたあのスイスや祖国の山や森の景色によく似ている……そんな理由でこの地を選んだそうです。なるほどあたりの山々や森はトラップ一家が一時住んでいたスイスの景色によく似ている。この山も向こうの森も……行ったことはありませんが！

そのミドルベリーにあるミドルベリー大学で、毎年六月から三カ月ほど、外国語の学校が開設されています。

日本人から見ればすべての国の言葉は外国語でしょう。アメリカという国はあらゆる人種がアメリカ人として暮らす国。イタリア人は互いにイタリア語を喋り、フランス人は互いにフランス語を喋りますが、その学生も日常語は英語を話し、外国語として日本語を学びます。でも彼らは紛れもないアメリカ人なのです。

日本語学校の学生には、フランス、中国、オランダ、韓国、トリニダード・トバゴ、ギリシャから来た学生たち、中には日本語を上手く喋れない日系二世や三世もいます。また、考古学の先生もいれば日本で英語を教えている教師もいます。

もっともこのミドルベリー大学で開かれる外国語学校は日本語だけではありません、中国語、フランス語、イタリア語、スペイン語、ポルトガル語、ロシア語、ヘブライ語、ドイツ語、アラビア語の十カ国語にそれぞれの外国語学校が開かれます。それぞれの学生は共同生活をし、驚くべきことに学校内では学ぶ言語以外は使ってはいけません。学生さんの着ているTシャツに大きく「NO！　ENGLISH」と書いてあります（これ本当！）。

とりわけ日本語学校は「落語を授業に取り入れる」というユニークな方法をとっています。落語を通して日本語の感情表現や、言葉のやりくりや言葉遊びの中から得られる複雑な表現等々を学ぶ。そのために私なんぞが「先生」（笑）として招かれ、この十年以上、毎年この地に足を運んでいるのです。十日間ですから、たいしたことはできませんが楽しいものです。

落語自体を楽しんでもらうイベントもします。授業の最終日には学生の有志が全校生徒の前で男女を問わず浴衣や着物を着て小噺を披露。今年（二〇一七年）は十二人ばかりが二百人以上の観客を前に発表しましたが、これがまたよくウケる！

控え室では何度も壁に向かって台詞の稽古をし、こちらの注意を素直に聞き、やがて舞台袖で緊張しきって高座に上がり小噺を披露。やんやの喝采、いえ「イェイ！　イェイ！」の喝采を受け、座布団を自分で返して袖に戻ってきた時のその顔は、ダイエット器具の使用前、使用後ぐらいの違いはあります（もっとも効果に個人差はありますがね）。

最初にここへ来ませんか、と誘われたときには、一回くらいアメリカに行ってみたいなあ、くらいの気持ちで引き受けました（すみません！）。ところがある日、学生に呼び止められたのです。

「シショー、モウヒトツ、ゴシツモンヲ、モウシアゲテモ、ヨロシュウゴザイマスデショウカ？」と過剰なくらいの丁寧語で。

本気だ。ここの学生さんは本気で学ぼうとしている！　と痛感しました。

とはいえ最初は、落語の所作か小噺《こばなし》くらいしか教えられません。いろいろ考えてある日気付いたのは、自分はここに落語をしに来たわけではなく、あくまで落語という教材をもって来ているにすぎないんだ、みなさんの勉強の教科書的な役割をすればいい、自分も教材の一つなんだと思うようになりました。

それにしてもここの学生さんはよく勉強し、よく質問し、よく喋る。そして何より、よく食べる。

朝昼夜の三回の食事はみな一緒にバイキング、三百人が優に入る食堂で、メインになる料理は三種類、パンはベーグル、クロワッサンから菓子パンまで六種類、つけるものはバターにジャムやクリームチーズ、ピーナッツバターが並び、ご飯だってあります（しかもコシヒカリ）。時にはピザパイなども。さらにサラダバーにはファミリーレストランもシャッポ（帽子）を脱ぐほどの野菜やチーズが盛られ、スープは二種類、ヨーグルトもトッピングは八種類、デザートはチョコレートブラウニーからチェリーパイ、アイスクリームは四種類、ソフトクリームは三種類、果物は常時四種類、えーとそれから、そうそうドリンクですが、コーヒーもミルクも三種類、ジュースのたぐいは六種類それから……

えっ！　もういいって？　えろすんません。

とにかくアメリカ人は胃袋がビッグで、本当にビックリ（失礼しました！）。皆に合わせて食べていたら帰国までに五キロやそこらは肥ってしまいます。

初めてこの食堂風景を見た時には、目を見張り隅っこで小さくなって食べていたものの、五年目頃には余裕でソフトクリームまで手が出るようになりました。

授業が進むにつれ、学生さんたちからは、

「落語は素晴らしい！　表現といい表情といい私だけの世界を創らせてくれる」

「『芝浜』で海が見えた！」

「『死神』を聞いたらヒチコックの『サイコ』を思い出してシャワーを浴びている間中怖かった」

「『長短』で人の奥の感情を知った」

等々、言葉をかけてくれることもあり、たとえお世辞だったとしても落語をきちんと捉えてくれていることを実感するのと同時に、落語の表現の確かさを知り、三百年以上にわたり落語を継承してきた先人たちに頭が下がりました（私は食べ過ぎで下っ腹が下がりました！）。


さて、アメリカと言えばバーベキュー、バーベキューといえばアメリカ。

アメリカではバーベキューは家庭でやるもので、それまで川辺や湖の畔でやるものとイメージしていた私にとってはちょっとしたカルチャーショックでした。とにかく日本でホットプレートの上で煙や臭いを気にしながら焼くような姑息な食物ではないのです。

まず、場所が広々としている。芝生が刈り込まれた広い庭や、ベランダに置かれたバーベキューコンロの大きさにも驚かされる（プロパンガスの物もあれば直接ガスを引いているのもあるそうだ）。

そして焼く材料が半端なく大きい！　肉はライオンの餌になるような牛肉の塊や、鶏肉を拳《こぶし》ぐらいに切り分けたもの、色鮮やかな巨大パプリカや巨大ピーマンを二つ割りにし、特大のアスパラやズッキーニ、日本人なら絶対エビフライにするような大きな海老を、豪快に十分熱の回ったコンロの上に並べます。そんな中にあって、玉葱だけは日本と同じ、当たり前の大きさで、妙に親しみを覚えました。脇にスーパーマーケットで買ってきたバーベキューソースをどかんと置けば、始まり始まり〜！

塩胡椒をタップリめに振りかけた食材は、それ自体あまり旨そうとは思えません。料理と言えば料理なのですが、繊細さには欠けますし、バーベキューは味わうというよりその粗暴さを楽しむものなのでしょう。

落語にも似たようなところがあります。隅々まで気を遣い繊細に演じれば、それなりに観客が反応してくれ、その技量に喝采を送ってくれます。

一方でその後に出てくる噺家が、繊細さなどまるでなく自分の持っているフラ（個性）だけで噺を押し通して演じていくと、観客はいつしかそのフラに引きこまれ、笑いの渦が起き、その噺家の粗暴さの虜になり、理屈ではないその楽しさに軍配が上がったりします。

目の前で行われているバーベキューを見ていると、これこそ物を食べることの本来の姿なのかもしれないと思うのです。理屈はどうでもいい、楽しければそれでいい楽しければ旨いと感じるものだ！　周りの人々を見ながら「噺なんてそんなものかもしれないな〜、いまのこの楽しさを味わえれば」と、ぼんやり思っていると、持っている皿が急に重くなった。

拳大の肉が載っていた。隣を見れば学生さんの一人がニコニコしながら右手でゲンコツを握り親指を突き出し「グーッ！」のサインを出していた、私も同じようにサインを返し、その肉を頬張った。その肉の味は楽しさの塊だった！


そんな風にバーベキューしながら落語の姿を考えたりもしますが、やはり外国の方に小噺を教えているうちに気付くことはたくさんあります。

たとえば、こんな小噺を教えたことがあります。町内で一番足の速い男が泥棒を追っかける話です。二階から男が窓を開けて呼びかける。

「おーい、どこ行くんでい」

「いま泥棒追っかけてるとこでい」

「ああ、おまえ町内で一番足がはええからな、追いかけられる泥棒のほうが気の毒だな。で、泥棒はどっち逃げたんでい」

「後から来るよ」――

この話をイギリスの学生さんにやってもらうと、最初の二階の窓を開ける場面で、いきなり向こうがわにバンっと押し開いたんです。日本人なら横に引きますよね。ああ、なるほど、落語を教えるってのは笑いを教えるわけではなくて、日本の文化を教えることにもなるんだ！

「金ちゃん、うち遊びにきなよ」

「やだよ、六ちゃんち狭いんだもん」

「大丈夫だよ、タンス売っちゃったから」

なんて小噺も、日本の部屋の狭さとかそこにタンスというものがあるとか、そういうことも教えることになるんですよね。

『ぞろぞろ』という噺を使って、ミドルベリーの学生さんたちに新しい落ちを創作してもらったこともあります。元はこういう噺です。

信心深い茶店の老夫婦が、近所のお稲荷さんに毎日お揚げをもってお参りに来ていたんですが、もうお客さんが少なくなったから店をたたもうと思って、最後にお稲荷さんにお参りに行き、「もう店をやめようと思います、ありがとうございました」とお礼を言ってうちに帰ると、雨がざーっと降ってくる。

「すまねえ、草鞋《わらじ》をひとつ売ってくんねえかな」ってお客が一人来る。最後に一足残っていたのを売ってしまうと、さらに新しいお客が「すまねえ、草鞋を」って続いた。

「申し訳ありません、草鞋はもうなくなってしまいました」

「そこにぶらさがってるじゃねえか」

それで次から次へと客が来て、草鞋も次から次へとぞろぞろと出てくる。

それを見ていた床屋のおやじが、ぜひ茶店と同じ御利益を下さいと、普段はお参りにも行かないくせにお稲荷さんに頼みこむ。家に帰ると客が列をつくっている。ああ、しめた、御利益だと思ってお客のヒゲをそると、あとからヒゲがぞろぞろ……。

これが『ぞろぞろ』の元の噺です（もちろんもっと長いですよ）。

この後段の床屋のところを変えてみよう、商売は床屋じゃなくていいってことにしました。そうするとたとえば、植木屋さんがお参りして、仕事が入る。行ってみると木が一本しかない。まあしょうがないかって枝を切ると、切った後から枝がぞろぞろ……というようなものを考えてきます。あるいは赤ちゃんができない夫婦がお参りにきて、赤ちゃんができて無事生まれると、ああもう一人赤ちゃんが、双子ですね、と言っているうちに赤ちゃんがぞろぞろ……とかですね。

感心したのは、饅頭屋です。饅頭屋がお参りして、うちに戻るとお客が次々やってきて饅頭が飛ぶように売れる、という噺をつくった生徒がいました。饅頭が次から次へぞろぞろ、という話で終わるかと思ったら、まだ続きがあった。ある日ぴたっと客が来なくなる。おかしいな、ほかに美味しい饅頭屋でも街なかにできたんじゃないか。おじいさんが街に行ってみると、糖尿病がぞろぞろぞろ……というわけです。

民族性といったらよいのか、お国柄のようなものが出ることもあります。棺桶屋というのを出してきた学生さんがいまして、棺桶屋がまたひとつお願いします、とお参りに来る。つまり、人が死ぬことを願いに来るわけです。それもすごいなあ、とは思いましたが、ここに御利益があってお客が来るんです。

「すいません、うちのばあさんが急になくなっちゃったんで、明日棺桶をお願いします」

「ああわかりました」

「すいません、うちのじいさんとばあさんが急に死んじゃって明日弔いをしたくって」

「すいません、身内の者が山で遭難して……」

「昨日頼んだ棺桶できてるかい」

「いやちょっと人手が足りなくて……」

なんて、やりとりがあって、それで終わりかと思ったら、夜中にとんとんとんとん、と戸をたたく音がする。開けてみると「棺桶つくってくれ」って死んだ人たちがぞろぞろぞろぞろ……。

これは中国の学生さんです。

2 沖縄で学んだこと

前座の頃のお話です。池袋演芸場の楽屋に手相の先生が三日ほど詰めてたことがありました。なんでも有名人の手相を一冊の本にしたいというので、円歌師匠とか、うちの師匠とか、談志師匠の手相を見ようと待っていらっしゃった。そうしたらその先生が、「小稲ちゃん、手相見てあげようか」って見てくださった。

「ああ、君は晩年芽が開くね」

もっと早く開きたい！

「うーん、君は外国で活躍するね」

外国なんか当時、行ったこともありません。しかも前座のぺーぺーですよ。外国へ行くなんて思いも寄りません。この先生の占いは当たらないなあ……と思ったりしました。それがいま、噺家としてアメリカやヨーロッパに毎年行っているのです。今はあの先生は名人だったと思っています。


遠くに行って、まさに外つ国で落語をするという最初の経験は、沖縄だったでしょうか。三十年以上前のことです。

普段なら買わない観光案内などを求めたりして、仕事だというのに二、三日前からわくわくしていました。

師匠小さんが初めて沖縄へ仕事に行った時は、まだアメリカの統治下で、パスポートが必要だったと聞きます。その頃の沖縄はまさしく外国だったわけです。

那覇空港へ降り立った時の南国の薫りと初めて出合う異国情緒に感激したことはいまでもよく覚えています。ホテルまでの迎えの車に乗り込むと、車窓から見える建物や南国の木や花の美しさに目を奪われ、街中のいたるところに英語が溢れていることに感心し、それまで訪れた街では感じたことのない興奮に包まれていました。

ひと通りの観光に連れて行ってもらい、市場では並べられた魚の色鮮やかさに目を見張ったり、見たこともない食材をどう使ったらよいものかしばし考え込んだり。沖縄舞踊の大家のお宅へもご招待いただいて、琉球文化の気高さに触れ、芸能が本来持つべきシンプルな力に心打たれたりもしました。

素晴らしい景色、いくら見ていても見飽きない美《ちゅ》ら海。

その美しさを前にすると、思わず知らず涙がこぼれ落ちました。

戦争の傷跡に触れれば深い悲しみに打たれ、平和な空に飛び交う戦闘機やヘリコプターの轟音に割り切れない思いを抱き、そのくせレストランでは大きなステーキやロブスターに舌鼓を打ち、往来ではアメリカ製のアイスクリームを食べながら土産物を物色する。自分のしていることの矛盾をひしひしと感じさせられました。もちろん何十年も前のことです。

そんな、初めての沖縄での落語会。いったいどの噺をかけたらいいのか？　迷いに迷っていました。その頃、沖縄の方々には落語はあまり身近なものでないように思えたからです。言葉の違いは大丈夫だろうか？　失礼な言葉遣いになったりしないか？　文化の違いで理解できないのではないか……さんざん考えましたが、実力のないやつこそ無駄な考えをするものです。

演じる前の心配は、果たせるかな、見事に打ち砕かれ、みなさん大いに笑ってくださったのでした。

竹富島へも行きました。その頃島の人口は百八十人くらいと聞いていました。公演会場は最前列に小学生がずらっと十人ほど、その後ろに大人が百人ほど……つまり島民の七割強が聞きに来てくれたのです。東京なら一千万人が来てくれたことになる。いえ、たとえばの話です。

小学生に落語がわかるかなーっ？　と心配しながら、高座に上がりました。ところがその子供たちが誰よりも笑った。とりわけ小学校五年生くらいの女の子がお腹を抱えて笑ってくれて、翌朝、彼女のお母さんが記念に私たちの写真を撮りにきました。お母さんによると、その子は家に帰ってから、

「今日来なかった人は一生の損をした人だ」

と言ったのだそうです。私はそれを聞いて、今生きているこの瞬間こそが「一生」だということに気がついたような気がしました。私は「一生」という言葉の意味を初めて芯からわかったような気がしました。死ぬ時が一生ではなく、生きてきた今が一生なのです。明日があると思うからどこか甘えてしまうのでしょうか。だからこそ今日を大事にして生きていかなくてはいけないのかも。

海も、空も、魚も、鳥も、花も、何もかも、沖縄は美しく気高かった。

でも、この少女の言葉が私にとっての沖縄でした。

アフリカのナイジェリアへも飛んだことがあります。一九八二年頃は「ビアフラの戦い」の影が色濃く残っていて、観光客を受け入れる余裕はまだなく、国の安定を図ることに専念している様子でした。日本からは多くのプラント輸出をしており、参加した企業の日本人がたくさん働いていて、その方々に落語で疲れを癒していただこうということで行きました。

各企業の食堂で出されるのはほとんどが日本食で、大西洋で獲れたマグロの刺身などもふんだんにありました。日本から三十時間以上かけて辿り着いたナイジェリアでまさか刺身が食べられるとは思いもしていませんでした。しかし、せっかくだからと町へ出て、ぜひナイジェリア料理が食べてみたいと懇願し、海辺の地元の観光地らしい場所へ連れて行ってもらいました。そこで意外な言葉に出会います。

道の両側に土産物屋があり、日本人と見ると突然前に立ちはだかり、自分で作ったであろう木の人形や楽器をかざして迫ってきます。

「ヘイ、マスター！　タカイタカイ！　ヤスイヤスイ！」

面白いから買ってみよう、と「いくらか」と尋ねると、マンドリンのような手作りの楽器を日本円で八千円と言ってきた。私は思わず、

「高いよ！　もっと安く！」

と日本語で言ってみて、はっと気付いた。さっきの「タカイタカイ、ヤスイヤスイ」掛け声はそういう意味か！　私は身振りでプライスダウンを試みた。すると途端に日本円で千円ほど

になった。この掛け合いは落語の『火焔太鼓』そのものだ。

古道具屋の仕入れた「火焔太鼓」をさる大名が気に入り、家来が店を訪れる。

「殿がお気に召した、いくらでもよい、手一杯に申せ、求めてつかわす」

道具屋の主は答えて、

「それなら、手一杯に言います……十萬両！」

「馬鹿を申せ」

「いえ、ここからいくらでもまけます」

「いかほどだ」

「一両！」

「またずいぶん、まけたな」……というやりとり。ナイジェリアの「高い高い、安い安い」にそっくりです。

さて肝心のナイジェリア料理の味は……喜び勇んで行ったはいいが、残念ながら私の好みではありませんでした。「チャップマン」という柑橘系のジュースは美味しく飲んだのですが。この飲み物でお腹を壊してひどい下痢になってしまい、トイレへ何度も通い、お腹の中にはもう何にも無いジェリア。噺家の言う洒落でないことは十分承知してます。

3 日本代表！

忘れもしない二〇〇〇年秋、「フェスティバル・ド・オータム・ア・パリ」という催しが開かれ、世界中から「語り芸」を集めて一大パフォーマンスをすることになりました。イスラエル・イギリス・中国・韓国・インド・南仏・日本・ドイツなどから芸人たちがパリに集結。その「日本代表」として、エッヘン、不肖私、柳家さん喬が参加したのです。

そこで落語を、と言われていたのですが、通訳なしです。そもそもこの主催者の言い分によれば、人間の言葉というのは要するに音だ、日本語ではアリガトウ、フランス語ではメルシー、英語ならサンキューと言葉は違うけれど、どの国の人も音としては発音できる。ならば音として言葉を理解することもできる！ というのですが、無茶な話ですよね。

日本語をまったく理解しない観客の前で言葉の音だけでわからせようだなんて、土台無理な話だ、これは大変だ、来るんじゃなかった……と考えていると、通訳の日本人青年松本君と日系の大学教授のアン坂井先生（フランス語で落語の本を何冊も出しておいでの方）が手助けしてくださって、事前に噺のストーリーを書いたパンフレットが配られ、一応単語くらいはわかるようなパワーポイントが準備されることになりました。

当日、客席のフランス人たちはみな怪訝そうな顔をして見ています。日本人のお客さんは一人もいません。私の前の出番はイスラエルの語り部の方で、彼の語りはフランス語でテロップが出てるにもかかわらず、お客さんはバラバラと席を立っていく！　ああ、自分の時に立たれたらどうしよう……。

とうとう出番が来た。さっき出て行った客も帰ってきた。出囃子が鳴る。三百人ほどの迎え手の拍手が鳴り響く。私の心臓も鳴り響く。高座に座る。頭を下げる。客席に目を向ける。日本では経験したことのない空気が漂う。観客は皆、目を青くしてる……「逃げろ！　今なら、逃げられる！　でも、入り口のところに髭を生やしたおじさんが怖い顔をして見てる、逃げればあの入り口であのおじさんに捕まって荒縄で結わかれて、大門で止められる」

まるで落語『明烏《あけがらす》』状態。えーい、この場は喋るしかない、逃げるのはその後だ。なけなしの度胸を決めて……

「エー、一席お付き合いを願います。人の気持ちは十人十色。気の短い方には、気の長い方のほうが、お付き合いが宜しいようで――」

スクリーンには「気の短い人と長い人のお話」とだけテロップが出されます。

短七（短気な口調で）「誰だい、その戸の隙間から、こっちを覗いて、顔を出したり、ひっこめたりしているのは、めまぐるしいよ、入るなら、入れよ、行くなら行っちまえよ、もー、そんなことするのは、長さんだろ？　やっぱりそうだ、もうわかったんだから、こっちへ、へえれよ！　へえんなよ！」（怒ったような口調）
長吉（のんびりした口調で）「やあー！　そこに居た！」

そこでパリジャン・パリジェンヌが一斉にどっと笑った！

それからはいつものように演じ、後はもう、饅頭食ってもタバコ吸っても受ける。下げを言って頭を下げると、割れんばかりの拍手喝采！

舞台を降りて楽屋で休んでいると、ヒゲのフランス人たちがなんだかんだと議論をしている。何だろう、何かまずいことでもあったかな、と通訳の青年に聞いてみると、

「そうじゃないんですよ、彼らはいまの『長短』は哲学だって議論しているんです」

そりゃ、ある意味では哲学かも知れないですけどねえ。

『長短』を選んだのは、様子だけで噺がわかるから。二日目は『時そば』、三日目は『初天神』をやりました。最終日は『死神』。わかりやすいし、フランス的だと思って選びました。

この日、会場にはフランス人の子供が二、三十人来てました。前日の『初天神』を聞いたお客さんが、これなら子供にも、って連れてきてくれたんですね。

『死神』が終わったら、客席は全員総立ちで拍手！

（これが、あのスタンディング何とかって言うやつか！　ははは！　参ったなー）

幕に引っ込むと、再びスタッフが行け、行けと言うので、人生初のカーテンコール！　どうもどうも、ニコニコ、ペコペコ頭をただ下げるだけ。あんなに笑顔をつくったのは生まれて初めてのことだった。

拍手は鳴り止まない。

私は心の中で叫んだ。

「フランスはおれのものだーっ！」

●落語キッチン⑥　**蕎麦**

どぉうもぉ〜〜。

私、清兵衛と申します。

突然ですが、私、溶けちゃったんです——

「何言っているか意味わかんなーい！」

うんうん、そうでしょうね。私も何でこんな事になったか良くわかんなーい！のです。気がついたらもう、私は私でなくなってたんです。溶けちゃってたんです。ほんとにどうして——

そう、あれはいつものように蕎麦屋で賭けをしていたときのことでした。

私は昔っから蕎麦が大好きで、あるとき自分が蕎麦ならかなりの量を食べられることに気づきました。

いつの間にか私の蕎麦の食いっぷりに目をつけたほうぼうの蕎麦屋の客から挑まれる「賭け」だけで身を立てるようになっていました。

これ、自慢になりますが、この蕎麦の賭けだけで家を三軒も建てたんですよ。

新しい町に引っ越してきて、町内の蕎麦屋へ通い続けていました。この店もなかなかうまい蕎麦を出す店でした。商売である以前に、とにかく私は蕎麦が好きなんです。

　この日もいつものように店に出かけました。

　縄暖簾をくぐって「どぉうもぉ～～」（これ、私の口癖なんです）と店に入りました。店は町内の若い人たちでごった返しておりました。早速私はもり蕎麦を二枚あつらえました。これをペロリと頂き、二枚追加しました。

　さらに二枚、また二枚、ついつい調子にのってもう二枚……合わせてとうとう十枚平らげました。その勢いに店にいた客は皆あっけにとられていました。

　そんな視線を感じながら私は勘定を済ませ、「どぉうもぉ～～～」と店を後にしました。

　明くる日、この蕎麦屋へ行くと、店は町内のわけえし（若い衆＝若い人たち）で一杯。

「どぉうもぉ～～」と腰をかけた途端、兄貴分らしい男が急に話しかけてきたのです。

「ちょいと御免なさいよ。今日これだけ人が集まったのは、実は昨日のおめぇさん（お前さん）の蕎麦の食いっぷりを見てね、『あの勢いなら二十枚くれえいくだろう』『いや、二十枚は食えねぇよ』『いや、食える！』『いや食えねー！』と言い合って、真《ま》っ二《ぷた》つになっちまったんですよ。で、どうだろうねぇ、二十枚の蕎麦の賭けをやっちゃもらえねえだろうか。ここに一《いち》分《ぶ》（今のお金で二～三万円位）の金が出てますよ。もし二十枚食えたらこの金はおめぇさんのものだ。もし食えなかったらおめぇさんから一分もらって、その金でここにいる皆と酒を飲んでお友達になろうってんですがね!?　江戸っ子のお遊びだと思って、付き合っちゃあもらえねえかねぇ？」

私は「しめた！」と思いました。

だって、私にとって二十枚のもり蕎麦なんて、朝飯前なんですから。

しかし私はわざとらしく、

「二十枚なぞ食べられませんよ。ですが、こうして皆さんとお知り合いになれるんですから、負けを承知でこの賭けお受けします」

と、運ばれてきた蕎麦を食べ始めました。

皆、固唾《かたず》を呑んで見ていました。

一枚二枚三枚……わずかな間に二十枚を平らげて、置かれた一分を懐《ふところ》に入れ、「どぉうもぉ〜〜」と暖簾をくぐりました。

町内の若い連中があっけにとられているのが何とも痛快でした。

明くる日、またこの蕎麦屋に行くと、店はさらに多い人たちで溢れんばかりでした。

「どぉうもぉ〜〜」

と挨拶をする間もなく、

「いやあ恐れ入りやした！　どうだろう、今日は三十枚で二分の賭け……」

と話しかけられました。

またしても「しめた！　この二分も頂き!!」と思いつつ、

「いえ、三十枚なんて無理ですよ。ですが昨日の一分をお返ししなくちゃいけませんし、負けを承知ですよ……」

とかなんとか言いながら、昨日より早く平らげて、二分を懐に。

「どぉうもぉ〜〜」

ところが明くる日、どうやら私の正体が見破られてしまっていたらしく、「五十枚で一両」という大勝負を持ちかけられました。

いくら私でも五十枚はまだ食べたことがないので自信が持てず、

「今日はお腹の調子が良くないので……」

と逃げ出しました。


この件があって、しばらくはおとなしくしていたほうが身のためだと思い、旅に出ることにしました。

秋も深まる頃、旅先の山道でたまたま「うわばみ（超大蛇）」が人を飲み込むのを見てしまいました。人を丸呑みしたうわばみの腹は今にもはち切れそうで、よほど苦しいのでしょう、のた打ち回っていました。

しかし、うわばみが傍らに生えていた赤い草を二、三度「ペロペロッ」と舐めると、うわばみの腹は嘘のように引っ込み、足取りも軽く――あ、うわばみに足はありませんが――山の洞窟に帰っていきました。

「しめた！　あの赤い草は食べたものが何でも溶けるんだ、あの草さえあれば蕎麦の五十枚だろうが百枚だろうが……千枚だって勝負が出来る！」

私は周りにある赤い草をみんな刈り取って急いで江戸に戻り、あの町内の蕎麦屋へ。

「どぉうもぉ〜〜」

懐かしき暖簾をくぐると店内にどよめきが起こりました。

「おお〜！　清兵衛さん久しぶりじゃあねぇか。みんな待っていたぜ、今日は五十枚で一両の大勝負、片を付けてもらうぜ」

「へい！　今日はやらせていただきます！」

「よし、話は決まった。おい皆、町内に知らせろ。清兵衛さんが帰ってきたぞ、これから五十枚の大勝負が始まるってな」

するとあっという間に店の中はすし詰め状態、外にも十重《とえ》二十重《はたえ》の人、押すな押すなの大騒ぎ。

痛いほどの視線を浴びながら、私はいつもよりゆっくり食べ始めました。

目の前に食べ終わった蒸籠《せいろ》が十枚二十枚三十枚……と積み上げられるたびに人々が歓声を上げるのはなんとも気持ちのいいものでした。

四十枚過ぎるとやはり相当腹に堪えてきました。

それでも四十七まではなんとか食べたのですが、そこから入らなくなりました。

もう蕎麦を口に運ぶのも嫌になるくらい、初めての体験です。眩暈《めまい》までしてきました。

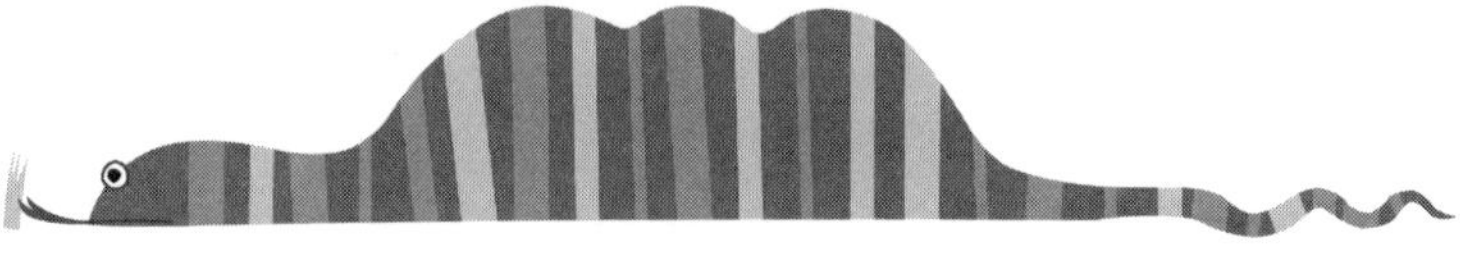

「清兵衛さん無理しちゃあいけねよ、おやめ！」

「下手すりゃ死んじゃうよ！」

「箸を置いて一両出して、皆で遊ぼうよ！」

なんとか勝ちを引き込もうと皆が口々に言う声が聞こえてきました。でも、

「誰が止めるものか、こちらにはうわばみの草がある、一両はこちらのものさ」

私は隙を見て例の赤い草を舐めようと、息絶え絶えに「すいません、縁側で少し休ませて下さい」と、頼みました。

皆でしばらく相談し、少しの間ならいいということになったものの、私は食べた蕎麦の重みでもう一歩も動く事が出来なかったので、縁側まで運んでもらいました。

「清さん、長いことはだめだよ」

という声とともに障子が閉められると、「待ってました！」と懐から赤い草を取り出して、

「この草さえ舐めりゃあ……ペロペロッ……」

——覚えているのはここまでなんです。誰か分かる人、教えてください。どうして私、溶けちゃったんでしょう？？


清兵衛さん、あなたが舐めたのは「蛇含草」という草で、あなたが思っていたような〈食べた物が溶ける草〉ではなく、〈人を溶かす草〉だったのですよ！

清兵衛さんのこの話、後の世に『そば清』という題名の落語になるんです。

やっと謎が解け（溶け）ましたね！　はい、どうもぉ〜〜！

＊

この主人公が溶けてしまう摩訶不思議な噺『そば清』は、もっとも落語らしいと言えば落語らしい噺ですが、これがもしわが身に起こったら……と思うと、笑い事ではありませんヨ！

この噺をお客様に違和感なく聞いていただくには、それなりに仕草が物を言います。SFめいた噺の性格上、リアルに演じるより漫画チックに仕草を表現した方が、人が溶けるというあり得ない矛盾を回避するのによろしいでしょう。

ちなみに『そば清』に出てくるのは「もり蕎麦」ですが、蕎麦を食べる仕草の噺の代表格である、ご存知『時そば』に出てくるのは「温かい、しっぽく蕎麦」。こちらはリアルに演じる方が効果的です。観客が蕎麦を食べる仕草を楽しんでこそ、一文《いちもん》誤魔化す場面のおもしろさがより生きてくるように思います。

この『時そば』を、近年の噺家で最高の仕草で演じたのが、ご存知わが師五代目柳家小さん。まさに人間国宝にふさわしい至芸だった。

丼《どんぶり》から湯気が立ちのぼり、すするたびに蕎麦と汁が織り成す微妙な音が奏でられ、本当に食べているが如く見えるし、聞こえる。まさしくそこに蕎麦があった。

師匠の超絶品の『時そば』を聞いていると、口の中に唾が溜まり、鼻に抜ける息に蕎麦の香りまで漂ってきたものだ。

余談だが、『明烏《あけがらす》』という噺の中に甘納豆を食べる場面が出てくる。名人八代目桂文楽が十八番のこの『明烏』を演じた日は、売店の甘納豆がすべて売り切れたそうだ。こんな逸話を聞くと、甘い甘納豆の仕草も甘くは演じられない。


話はわが師小さんが演じる『時そば』に戻ります。

「えー、親ばかちゃんりん、そば屋の風鈴、なんてことを言いまして」

などと噺のマクラをふり（江戸時代の屋台のそば屋は風鈴をぶら下げて売って歩いた）、さらに「二八《にはち》蕎麦」の言葉の由来を、そば粉を八分、つなぎを二分使って打ったこととか、当時一杯の値段が十六文であり、そこで二×八＝十六で二八蕎麦となったとかの異説もあるなどと話しながら、突然そば屋が天秤の屋台を担ぐ格好をして、一調子張った独特の売り声で、「そーばーうーー！　わ〜う〜っ」と噺に入ると、その瞬間に観客は寝静まった江戸の町へ――


寒い真夜中に屋台のそば屋を呼び止めた男が、そば屋に世間話をしながら、そばの出来具合、具のちくわ、つゆ加減、箸、丼に至るまでさんざん褒めちぎってそば屋をすっかりその気にさせて、いざ勘定を払う段になると、

「そば屋さん、いくらでい？」

「へい、十六文でございます」

「そうかい。銭がこまけぃ（細かい）んだが、こっちに手を出してくんねぇ」

「へい、こちらへ頂戴いたします」

そば屋が手を出すと、男は懐から銭を取り出し一文ずつ、

「数えるぜ、いいかい。ひぃ、ふぅ、みぃ、よぉ、いつ……」と八つまで数えたところで出し抜けに、

「そば屋さん、今、何時《なんどき》でい?」

「確か九《ここの》つで」とそば屋が答えると、すかさず「とお、十一、十二、十三、十四、十五、十六!」と払って、足早に去って行った。

この一部始終を見ていた男がいた。五代目小さんはこの男を「我々同様……と申し上げたいのですが、もう少し様《さま》の変わった、ボーッとした奴」と表現していた。

「なんでぃ、あの野郎は。気障《きざ》な野郎だ、そば一杯食うのにあんなに世辞なんぞ言ゃあがって、嫌な野郎だ。そのあげく幾らだって値を聞いてやぁあがら。てやんでぃ! 江戸中どこへ行ったって、そばの値は十六文と相場は決まってらぁあ。んとに(本当に)気障な野郎だ、懐から銭を出しゃぁがって、『ひい、ふう、みい、よう、いつ、むう、なな、やあ、今、なん時でい』そば屋の野郎が『たしか、九つで』と答えりゃ、『とお、十一、十二、……十六』——待てよ、なんであの野郎あんなところで時《とき》を聞きゃぁがったんだ?」

何度も繰り返し数をなぞっていくうちに、やっと一文誤魔化したことに気が付く。

「野郎、一文誤魔化しゃぁがった! そば屋の野郎、生涯気が付かねぇ。気が付いたのは俺だけだ。おもしれぇ! 俺もやろう」

翌日、前日より早い時間に家を飛び出し、前日とは違ったそば屋を探し出し、目撃した男そっくりに真似して世辞を言うがことごとく裏目に出る。

箸は汚い、丼はひびだらけ、汁は不味いし、蕎麦はべとべと、具はぺらぺらでとろとろの「ちくわ」ならぬ「ちくわぶ」。

男は一文誤魔化したいがため腹の立つのを抑え、

「そば屋さんいくらでい」

「へい、十六文で!」

「銭は細けいんだ、手をだしてくんねぇー」

「ヘイ! こちらへ頂きます」

ここまではいい調子。嬉しくてたまらない男は続けて、

「数えるぜ、いいかい、ひい、ふう、みい、よう、いつ、むう、なな、やあ、そば屋さん、今なん時でい」

「ヘイ、確か四つで!」

「!! いつ、むう、なな、……」

で、噺のさげになる。

師匠はここで、「四文余計に払ってしまいます」と付け加える時もあった。

この噺のトリックは、当時の時間の言い表し方を正しく知らなければ、確かに理解しにくい。

私だって噺家にならなかったら、江戸時代の時間など興味も示さなかったと思う。

当時は深夜の十二時を九つと言い、それから二時間ごとに八つ、さらに七つと数が減っていく。四つが朝の十時そして昼の十二時がまた九つとなり、夕方の六時頃が暮れ六つということになる。同じ六つ時《どき》でも、「明の鐘、ゴンと鳴る頃、三日月形の、櫛が落ちてる、四畳半」などという何とも色っぽい都々逸は、明け六つ、今の明け方の六時頃！　そうなるといろいろ想像ができますなあ！

「うんー！　いやーん！　もー！　ばかーん！」

あっ、いや失礼。こんな話ではありません！　ついつい余計な方に走りがちでスイマセン！　したがって江戸時代の時間でこの『時そば』を検証すると、最初の男は夜中の十二時（九つ）にそば屋を呼び止めるのですが、翌晩の間抜けな男は一時《いっとき》（今の二時間）早くそば屋を呼び止めていることになります。

師匠がここで、「夕べより少し早い時間に家をとびだし」とあえて言っているのは、その時間の事ばかりではなく、一文誤魔化したいこの男のうずうずした逸《はや》る気持ちをも表しているような気がします。

つまり「一時早《いっときはや》い」ということは、四つ（夜十時）となる。次に九つになり、八つになり、七つと順になって昼の九つになるのであります。おわかりかな、お立会い！

えっ！　そんな事常識ですって？　こりゃまた失礼。

さて他にも十二支で時を表しました。夜中の十二時を子《ね》、二時間後が丑《うし》。従って、今の明け方近く四時ごろが寅《とら》、順にいくと昼の十二時が午《うま》で正午ですね！　お菓子でも食べて一休みする！　これはお八つ（二時から四時）、草木も眠る丑三つ時、丑の刻を四つに分けて言うことから幽霊の出る時刻は夜中の二時〜三時半頃ですね。今でも生きている江戸の時間です！　えっ？　これも常識？　えろうすいません！

話は元へ戻して、高座で『時そば』を演じて寄席がハネた後、私も寄席帰りのお客さんがよく立ち寄る、近所の蕎麦屋へ行くことがある。

すると寄席にいらしたお客さんが、その蕎麦屋にいることがある。

そのお客様たちに軽く会釈して、小上がりにあがり、蕎麦を注文して蕎麦が運ばれるのを、お客様の強い視線を感じながらひたすら待つ。

「あの噺家は実際の蕎麦はどんな食べ方をするのか、高座とどう違うのか」

と、ズーッと私の一挙一動を見ている！　蕎麦の口への運び方、つゆの飲み方、蒲鉾の食べ方、鼻水のすすり方、代金の払い方にいたるまで、食い入るように見ている。まるで動物園のサルの動きを見るように。もっともサルは箸を使って蕎麦は食べないが！

帰りがけに蕎麦屋の旦那が、

「さん喬さん、今日は何か変だよ？」

と言った。

「うん！　今日はうどんにすればよかった……」

第四部

師匠と弟子

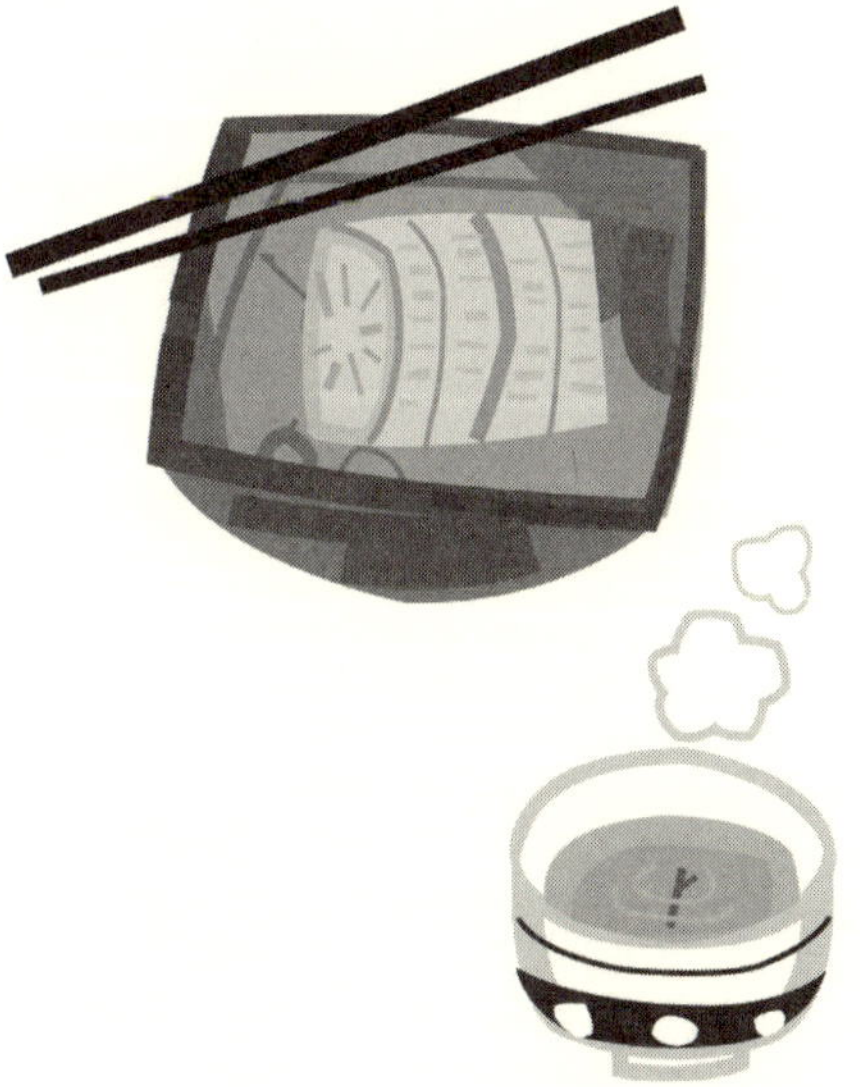

1　グルメと通と噺家というもの

噺家には身分制度があるのはご存知の通り、その身分は、前座、二つ目、真打、誰もが真打になることを夢みて辛い修業を……いやたいして辛くもない？　いや、やはりここは辛いと言っておきましょうか、でもやはりさほどのことはないんです。

前座から二つ目になる時が一番嬉しかったと仲間はみな言いますが、私はそうでもありませんでした。二つ目になると観客からは商品として見られます。私は自分が商品として見てもらえるのかどうかとても不安で嬉しくはなかった。でも紋付が着られるのはちょっと誇らしかった。

私たちが前座の頃は二つ目に昇進するまで入門から五年はかかりました。今は三年半（内見習い期間が半年）ほどですが、これはちょっと短いと思います。長ければよいというものではないでしょうが、合理的に物事を済ませようとする昨今、どうしても期間が短いだけいろいろと見落としてしまうことが多いような気がします。世の中にあってもなくてもよい、噺家などという職業に何も合理性など必要なくて、矛盾があったり、理不尽なことがあって当たり前、「無理が通れば道理ひっこむ」の世界です。ですが、その理不尽な世界にも真理はあるように思います。

落語は毎日同じことを話しているように思われがちですが、そこは料理と同じで毎日微妙に違う、けれども常に同じ味でなくてはならない。

美味しい料理を食べたお客は、同じ味を求めます。料理人は同じ味を作ろうとするけれども完璧に同じ味を作ることはなかなか難しい。とはいえ、その味わいは大きくは変わらないと思うし、違ってはいけないはずだ。お客はその料理を味わいたくて再度来店する。「こないだの方が旨かった」ではお客は納得しません。次は美味しいかも、今日こそは旨いかも、という期待でもう一度来てくださるような物好きな客はいないはずです。

料理人も、お客に出すまで何度も何度も調理をし、お客に出しても恥ずかしくない味が出来上がって初めて、厨房からテーブルに運ばれる料理となります。お客はその味を評価するもの。けれども落語は、前座の頃から、その味にかかわらずお客様に聞いてもらえます。これならばお客に聞いてもらっても恥ずかしくない、という品物では到底ありません。商品として劣っていても聞いてもらえるのです。

それはお客様が前座は前座なりの、一つの段階として聞いてくださるからで、まだ工事中のスカイツリーを見に行くような、完成までの過程を見守るようなものかもしれません。もっとも、スカイツリーはスカイツリーになることがわかっているから見に行くので、噺家の場合は確実に名人になることがわかっていて、そこまでの段階を聞きに来てくれているわけではありません。海の物とも山の物ともわからない、将来のことなど察しもつかない噺家の噺を聞いてくださるのですからありがたいかぎりです。

やはり、料理はそんなわけにはいきません。未完成の料理を口にすることはできませんし、オープンキッチンであれば作られる段階を見ることはできますが、それがどのような味になるか、途中で味見することはできません。それができるのは作り手だけで、客にはできないのが普通です。

しかしこの頃は、レシピなどといってその段階や作り方をやたら知りたがる。プロがつくった物の味と技術をただ単純に楽しめばよいのに、どうもそれだけでは気が済まないようです。ある著名な店のオーナーシェフが、いろいろ聞きたがる客に向かって「いいから、黙って食ゃぁいいんだよ」と言ったその時に、言葉遣いはともかく、気持ちはわかるような気もする。

レストランでウエイターさんやシェフが料理を細かく説明してくれることがよくあります。どこそこ産の何々で、添えてありますのはこれこれで、ソースには何と何を使いましたものでございます……と、皿のふちに線を引いたようなソースにまで事細かく解説を加えて「どうぞお楽しみ下さい」と立ち去る。私はこれでは楽しめません。理屈ばかりで、口に運ぶたびにそれらを考えてしまう、「ええと、このソースがなんだっけ？　で、そもそもこのソースはどれに付ければいいんだ？」それらを理解していただかないと作り手に悪いような気さえしてきますが、なんでお客がお店に媚びなきゃいけないんだ？　と思うような店に当たることもある。落語もお客様に媚びて演じることがないとは言わない。常に違った新しいものを求め、それに薀蓄《うんちく》をかたむける、いわば落語グルメとでも言ったほうがよいお客様の、そのニーズに応えると言えば聞こえはいいかもしれません。かたや「通」の方は、伝統として受け継がれた深みのある味をゆったりと楽しむものかもしれません。どちらも根本は落語が好きなのでしょうが、噺家はどうもグルメばかりに目を向け、目新しい味を出すことが先に立ってしまうことも多いように思われます。もちろん迎合することで新しい噺が生まれることもありますし、通とグルメがいるお陰で次世代に繋がる噺家が育っていくのでしょう。

しかしどんなものでも美味しいものが食べたいですよねえ。

2　かくして噺家は増えていく

私は真打試験を受けました。

「はあーっ？　真打試験？」

おわかりないのも無理はありません。

落語界の長い歴史の中でほんの一回のみ行なわれた、真打昇進のための試験のことであります。

落語界は試験などとは縁遠い世界のはずなのに、そんなことの嫌いな世界のはずなのに、そんなことで評価される世界でないはずなのに、そんなことに意味はないはずなのに、誰もがそれを知っているはずなのに。行なったのです、その真打試験を。

なぜそんなことになったのか、おいおいお話ししましょう。


噺家は増えに増え、一杯になった噺家の卵や雛が、落語界という器からこぼれ落ちそうになりながら必死でしがみついている、そんな現状にあります。志願者がいるから自然そうなるのでしょうが、世の中はそんなに噺家を必要としていないし、求めてもいないのではと思う。

弟子入り志願者も、溢れ出ているのを承知で弟子入り志願にやってくる。受け入れる側も、噺家になったところで先行きに明るい未来がほとんどないことも十分承知している。それでも弟子を取る。

「お前だってとっているだろ」

返す言葉もないその言い訳はあとにさせてください。「面目《めんぼく》ない」

取る師匠がいけないのか、来る志願者がいけないのか。いずれにせよ弟子にするということは、一人の生涯を預かることになるのだから、それなりの責任がある！　ということに世間ではなるのかもしれない。

そりゃ確かに今の世の中、雇用した以上はその人間の生活に責任を持たなくてはならないのでしょうが、それは噺家の世界とは別の話です。もちろん、師匠は弟子の生活が一番心配です。かといって全面的に養うほどの財力があるわけでもなし、少しばかり仕事をまわすことくらいしかできない。せめて最低の生活ができるぐらいに育てる覚悟はありますが、義務はない。

そもそも師弟関係は雇用ではないし、こちらが頼んで無理に弟子入りしてもらったわけでもない。弟子になったらどうなるか、くどいくらい話して、なんとか諦めさせようとするのです。

「あのねー君。噺家になってもいいことは一つもないよ、金は儲からないし、人には馬鹿にされるし、食うに困るし、女にはもてないし、だいいち出世の見込みはまるでなし、親孝行なんかもちろんできないしね」

と、いくら話しても、「はー、はい、へー」と返事するばかり、しまいには「それでも弟子にして下さい」と涙声で頼み込むやら、果てには「会社を辞めてきたんです、もし噺家になれなかったら、もう……」と半ば脅迫めいたのもいます。まあ、私自身、弟子入りの時には師匠にさんざん暗い未来をつきつけられ、それでもなおお願いしたクチではありますが。

そもそも噺家の数が日増しに増えたのは、一九六五年（昭和四十年）以降、テレビで噺家がタレント的な活躍をしはじめ、その影響をうけた戦後のベビーブームの申し子たちがこの世界にどっと押し寄せてきたのが始まりです（かくいう私もその一人！）。

私が噺家になったその年、あちこちの師匠方に入門した同期は十一人もいました。私の所属している落語協会に一年に二人も新弟子が入れば、「今年は入門者が多いね」と言われた頃ですから、十一人は通常の五倍、「雨上がりの蛙だね！」と言われていたのです。

その翌年も同じぐらいの入門者がいて、その後どんどん増え続けた。私が入門したときには落語協会の芸人は九十人ほど、一年後には百人をゆうに越え、今は軽く三百五十人を越えています。

落語協会ばかりではありません。他団体にも噺家の入門者は増え続け、いまや日本には放し飼いの噺鹿を含め七百人はゆうに越えている⁉　その中から一人前として抜け出すのは大変なことで、寄席に出る機会にも恵まれない。寄席は噺家にとって大切な城ですが、その門をくぐることすらできないのです。それを承知していても入門者は後を絶たない。

この業界での需要と供給のバランスが保てない状況になっていることは間違いありません。もっともこれは、落語協会と落語芸術協会の二つの団体に所属している噺家に限ったことです。東京ではこのどちらかの団体に所属していないと寄席に出演することが出来ません。立川流・円楽党などに所属している噺家は寄席には出られません。それぞれの努力で公演を続けているようですが、とても満足できる規模ではないそうです。

さらに地方にはアマチュアの人たちが落語を語り、それぞれ団体を作り、中には師弟関係を組み、出演料などを受け取っている素人落語家もいると聞きます。さいわい私の知っているアマチュアの方々は、病院や施設にボランティアで行く方ばかりなので安心していますが、噺家として修業を重ね、辛い思いをして身につけた芸が、自分勝手に、タブーもへったくれもない、芸の踏襲さえない人々に仕事場を奪われないともかぎらない！

全国の噺家よ立ち上がれ！　もっとも立ちあがったら噺家は商売になりませんがね。

3　真打試験！

そうそう真打試験のことでした。噺家はどんどん増え続け、一九七二年頃には真打の順番待ちで二つ目の先輩たちの風船が今にも破裂しそうになっていました。

当時、落語協会会長に就任した我が師五代目柳家小さんは、このままでは多くの噺家が将来に夢や希望を持つことが出来ず、果てには才能のある噺家の芽を摘んでしまうことにもなると判断し、理事会において十人一緒に真打に昇進させることを提案しました。それまで五人同時の真打昇進はあったようですが、十人同時は初めてのこと。この頃、私は前座修業を終えて二つ目になったところでした。

会長小さんの提案に、前会長の六代目三遊亭圓生師匠が猛反対、ついには落語協会分裂騒動にまで発展します。寄席の席亭たちによる仲裁もあり、圓生一門の落語協会脱退という形で、事態はいったんは沈静化しました。

初めての十人同時昇進はいろいろな方面に大きな波紋を投げかけました。批判も多かった。

「真打の値打ちが下がる」

「まとめて真打などとんでもない」

「真打とはなんぞや」

など、当人たちの噺も聞いたことのない人たちが言いたいことを言い合った。

辛いのはその渦の中にいた御当人たちであったことは確かだと思う。

その先輩たちが大いに努力を重ね、噺家として人気を博してきたことが今の落語界を支えてきたことは事実です。真打に一人でなろうが十人でなろうが、「真打という地位への自分の自覚と努力があってこそ真打の本来の姿を育て上げていくものだ」と先輩たちは確かな形で示してくれたのです。

増え続ける二つ目と真打大量昇進の是非の問題は、その後もくすぶり続け、ならばと真打昇進試験が行われることになりました。その第一回目に私も選ばれたわけです。

試験などとは縁遠い世界のはずなのに、そんなことの嫌いな世界のはずなのに、そんなことで評価される世界でないはずなのに、そんなことに意味はないはずなのに……と、当時もいまも思います。それでも、師匠小さんが会長を務める落語協会の決めた通りに試験を受け、私は真打ということになりました。

その真打試験の方法ですが、旧池袋演芸場で畳の客席には誰もおらず下手の桟敷に幹部師匠連がずらり。小さん、馬楽、三平、馬生、正蔵、円蔵、志ん朝、談志などなど実力人気とも超一流の師匠方がズラリと並び、候補者の噺を聞いて、良ければ○悪ければ×、七割の○にて合格とか（アチーブメントでももっと選択肢があると思う）。○×で決められてしまうのは理不尽な気もしますが、筆記試験も、との話もあったところ問題を作れるのが誰もいないということになり、これは取りやめになったとかならないとか？　落語界で初めての試みで、マスコミも注目してくれたお陰で私たちも少しは恩恵を受けたことは確かです。

試験を終えて会場を出ると、待ち受けていたマスコミの方々から一斉のフラッシュの嵐、「どうでした？」「感想は？」「受かりましたか？」の矢継ぎ早の質問攻め、一生に一度の経験でした。翌日、「合格」の報が電話一本！　その真打試験も、ほどなくなくなりました。

その後も、弟子入り志願者は引きも切らず、ますます膨れ上がっていくわけですが、弟子入りの多いことが必ずしも悪いこととは言いにくい。なぜなら多いほうがいろいろな噺家が出現する可能性が高くなりますし、競争も激しくなって、結果としてお客様も幅広く楽しんでいただけるようになるでしょう。

とはいえ、この業界、需要は決して多くはありません。落語会ができる会場などたかが知れていますし、一握りの噺家が定連で高座を務めるようになる。そうすると、どこへ行っても演者は同じ、お客も同じ、これでは噺家もお客も馴れ合いになりかねない。場所がたくさんあれば、多くの噺家を聞いてもらえ、応援もしていただけて、噺家も数多く話す機会に恵まれれば大きく花咲くこともあります。

スポーツは底辺が広いほど人材の発掘にはよいと聞きますが、プレーする人が増えたらそれなりに競技する場所も増えなくてはならないでしょう。落語界はまさにそのフィールドが少ないのです。

真打にせっかく昇進しても、その力を発揮することのできる場所がない。自分でそば屋や料理屋に頼み込んだり、小さなホールで落語会を催して、噺を聞いてもらったり。それにしても年に数回。このような現実の中で噺家は右往左往しているのです。

だが噺家などはしょせん道楽商売、そんなことは百も承知でこの世界に入ってきたのだから、その境遇に危機感など決して持たない。

「明日はいいことが待っているさ」

「考えたってしょうがないさ」

「俺だけじゃあないさ」

「あいつも同じさ」

「どうにかなるさ」

と、このどうにかなるさ集団には展望はない、しかしいつの世もこの展望のない集団から必ず誰か頭角を現す、やがてこの頭角が立派なA5ランクの牛に育つ、するとここへ弟子が来る、断りきれずに弟子にする、また増える、またその中から頭角を現す、また増える。

　もうどうにも止まらない。

　思うに、上手い噺家が世に出なければ、弟子は増えないのではないか、すると、この噺家過剰問題の解決法は上手い噺家が出なければよいことになる。

「噺家諸君！　みな下手くそになれ！」

「立ち上がれ！　落語下手になる運動！」

　そんな馬鹿な！

　私のところにも弟子が十一人ほどおります、平成二十七年九月の現在の話ですが（えっ！まだ取るつもりかって？）みなそれぞれ私を慕って弟子入りしたはずですが、いまとなっては慕う気持ちは毛ほどもない。慕うどころか陰で悪口の言い放題。

「師匠もいいけどよー、訳わからないからなーっ」

「うちの師匠はどうしてああなのかなー？」

「まったく、師匠はわがままなんだから」

「師匠はなんでああ強情なんだろうね」等々言いたい放題であることは確かだと思う。

　私は五代目の師匠の悪口など一度たりとも言ったことはない、いえ本当ですよ……た・ぶ・ん。

真打試験から話がずいぶん飛びましたが、なぜ噺家の志願者が後を断たないのでしょうね。自分の芸を発表する場所もなく、ただただアンダーグラウンドの場所でいつかは花咲くであろうことを願いつつひっそりと暮らしていく、そんな現実を見聞きして、将来に明るい展望もないのを承知の上でこの世界に入ってくる。やっぱり不思議です。

えっ？　お前はどうなんだって？

それなんですよ。私がこうしていられるのが、不思議なんですよ。

相撲の世界は入門者が少なくなり、海外に人材を求めた結果、関取の上位陣を外国力士が占めるまでになりました。そう考えると、日本の伝統文化を担う若者が増え続けることはよいことなのかもしれません。それにしても、彼らを並べる棚が少なすぎる。見てもらえるウインドーがない、手にとっていただけなくても、せめて覗き込んでもらえるようなショーウインドーがたくさんあるといいのですが。

飾られた噺家に少しでも興味を持ってくだされば、その噺家たちも張り合いが出る。さすればいい噺家が育つ土壌にもなる。形が同じでも、色が何種類もあると迷った挙げ句なにも買わないが、ふた色しかないとどちらかを選んで買ってしまうというＣＭがありましたが、噺家も選択肢が少ないと求めてくださる率は高くなるでしょうか。かえって商品価値が下がらないとも限らない。ここに噺家が増えることの危機感と、増えることの期待感が入り混じるのです。

わが弟子たちも、早くショーウインドーに飾ってもらえるくらいになってもらいたいものですが、果たして買ってくださる方がいるだろうか。歌舞伎の寺子屋の台詞じゃありませんが「いずれを見ても山家《やまが》そだち」、カボチャに唐茄子、芋に茄子、ヘチマにきゅうりに八頭《やつがしら》、数はあれども買い手なし、てなことになるのでしょうか。

よい弟子を育てなくては……それがわが師匠五代目柳家小さんへの恩返しになるはずだ。

もう少し弟子をとってもいいかなーっ。

ダメーーーーッ！

4 きちんと受け渡したいもの

落語というのは、師匠から教わった後に、自分で独自のものを加えたり削ったりしていくことは許されています。ですから、私のところに教わりに来た人には、「五代目（小さん）はここんところはこうやっていたよ」と伝えるようにします。「いまの俺にはここはできないからこうしてるけど、小さん師匠はこうしてたよ」と言えるのは直接教える時だけです。ただテープで習うだけとはだいぶちがいます。

師匠から噺を教わった時、師匠を百として五十吸収できたら、相当師匠を吸収できたことになります。でもその五十しかない私が教えたら、その人は小さんの二十五しか吸収できないことになってしまう。本当にこの人のこれが覚えたいと思ったら、その人のところにちゃんと行くことが大切なんです。その人から教わった誰かなんかのところに安直に行かないほうがいい。

ですから、教えてくださいと来られた時に「ごめんね、これは誰それ師匠に教わったんだ、絶対にあの師匠に習った方が君のためにもいいから、ぼくからは教えられないよ」って断ることもあります。元々の師匠のものを動かしたくないって思うのです。その方から教わったほうが絶対いい。

芸には完成なんてないし、完璧な芸なんてものもない。それでも自分の中で腑に落ちる噺ってのはあります。そういう噺ならば、稽古して下さいと言われても、いいよと素直に言えます。

うちの師匠はよく、「芸は守・破・離だぞ」って言ってました。

守って破って離れる。守るというのは、教わったものを素直に自分の中に入れてやってみること。破るというのは、そこに何か自分で見つけたものを付け加えてみること。離れるというのは、教えてくれた先輩や師匠とは全然違う新しい形を作り上げることです。

破は誰でもできる、この離ができないんです。自分の中で、あ、離れたかな、まだ二、三本へその緒がついてるかな、とか、そういう感じを確かめながら、自分の力でいまできるのはこんなところかな、というところまで行き着いて初めて、人様に稽古してもいいと思えるようになります。

ある時、他流派のお弟子さんが『短命』を教えてほしいと言っていらして、

「でも『短命』なんておたくの師匠がやってるじゃないか、師匠に教えてもらったほうがいいヨ」

「小さん師匠の型をやりたいんです」

それなら、というので教えてさしあげて、「師匠聞いてください」と来たのを聞いてみたら、自分の師匠の元のくすぐりが入ってる。

「ね、ちょっと待って、それはうちの師匠のじゃないよね？」

こういうのを「つかみこみ」って言うんです。あれが面白い、これが面白いって取って来ちゃう、いいとこどりしてるだけでオリジナリティなんて何にもない。守でもなきゃ破でもなきゃ離でもない。なんでもない。だめだよ、悪いけど、この噺はぼくから教わったって言わないでね、と言いました。

小さんのここが面白いからここ入れて、馬生のこれが、志ん朝のこれが、談志のこれが、って入れていっても、ただの寄せ集めです。そういう師匠方がみな死んでしまってますから、それを平気で、躊躇なくやる方もいる。それがお客さんにも面白いと認められている節もありますが、新しくもなんともない。守が、つまり元がなければ離れることなんかできませんから。

私は圓生師匠のお噺をやることが比較的多いんですが、もうお亡くなりですから直に圓生師匠に教わるわけにはいきません。圓彌師匠が生きてらっしゃるときは、圓彌師匠に圓生師匠の噺を教わりに行く、正蔵師匠のは文蔵師匠が承けてらっしゃるから文蔵師匠に。志ん生師匠の噺は圓菊師匠に。そうして系統をしっかりするようにしてます。何から何まで録音でやってしまうと、落語の何かが壊れてしまう気がするんですよ。でも他に手段のない時もありますが。

芸は一代限りですから、決して小さんを後世までそのまま受け継ぐ必要はないとは思います。師匠は師匠の時代を生きて、その形がその時代の人たちにウケていた。その後に生きる私たちが受け継がなきゃいけないのは、その時代に生きることなんです。つかみこみが百パーセントいけないことだとは言い切れない、今ウケりゃいいって考え方もあるんでしょう。でも、自分たちが先輩や師匠方から受け継いだものを、せめてそのままの形で受け渡してやりたい、その上で今ウケるようにやってくれたらいいと思うんですよね。

変な言い方ですけど、スイカはやっぱりスイカとして渡したいと言いますかね。四角いスイカも黒い伝助スイカもスイカですけど、もう元のスイカがどういうものだったのかわからなくなっちゃいますよね。青くて黒い縞の入ったスイカを渡して、黄色いスイカを作ってもいいんだよ、というのはわかりますけど、黄色いスイカを渡してこれがスイカだって言うのはね。

落語三百年だか四百年だかの歴史のなかで、いまんところはまだ、青くて黒い縞の入ったスイカのまま渡せてるとは思うんです。これを受け継げなくなったら落語の形は全然ちがってくるでしょうし、百年後はどうなるでしょうね。私はもう生きてませんけど。

5　親はなくても子は育つ

守破離の〝離〟、離れるということはむずかしいですね。

こんなことがありました。うちの師匠がやらない噺で『掛け取り』というのを師匠の出番の前にやったことがあるんです。出番が終わって降りてきたとき、袖で次の出番を待っていた師匠が椅子から立ち上がってひと言、「おもしろいよ」。

離とはまたちがうかもしれませんが、ああ、自分なりに出来たのかなという感覚はありました。

それは師匠が言ってくれたから、というのはあるかもしれません。自分だけで納得するところまではなかなか行けないものです。いろんな人がさん喬の十八番の「なになに」とか言ってくださるんですが、自分ではそんなものはありません。これをやれば間違いなくお客さんが喜んでくれる、ウケるという、そこまでの自信はありません。

うちの師匠は非常に幅の広い人でしたが、『長短』『時そば』『親子酒』など、誰もが十八番と考えているものはありました。なのに、うちの師匠の出番の前に『長短』や『時そば』をやるやつがいるんですよ、これが。平気でやっちゃう。このやろう、小さんがこれから出るってのに、誰がおまえの『長短』を『時そば』を聞きたいと思ってるんだい、小さんの前にこういう噺をするなんて、無謀というかタブーというか、ありえないよ！　と思ってしまうのですが、うちの師匠はそうは思わないし気にしない。

離れるってのは非常にむずかしい。うちの師匠が「この離がなかなかできねえんだよ」って言ってましたけど、その通りですね。先輩や、もちろん後輩の噺でも聞きながら、「なるほど、こうやるんだ」「こうすると生きてくるんだ」とか思います。人の噺を聞くことはほんとに勉強になりますよ。

けれども、守だけでやってて、いい人もいる。離れなくてもそのまんまやってるだけでいい。時々、この噺をなんで壊すの、この噺を何にも変えないでウケてる人がたくさんいるのに、なんでいじるんだろうって思うことはあります。もちろん、その人にとっては納得できないんでしょう。もっとウケるように出来るのに、なんでやんないの？　くらいの気持ちがあるのかもしれません。けれども、守でウケてるのに離を求める必要はないんじゃないかとすら思うことがあるんです。守のほうがよかったりする噺もある。もしかすると、守・破・離というのは、それぞれに噺のよさがあるものなのかもしれません。離だからいいものができあがったわけではない、というか、鮒《ふな》に始まり鮒に終わるということなのか、とも。

もしかすると、離に行った人間が守にまた戻ったとき、きっと面白いものができるんじゃないか、とふと思うことがあるんです。いったん離まで行ってから守に戻ったら、いったいどう変わるんだろう。まだ自分はそこには行けてませんが、何年もやらなかった噺をやったときにふと、そう思うことはあります。昔はあんなにしつこく押してた部分を、なにも押さなくてもふっとお客さんに伝わる、そんな瞬間がある。だから守と破と離とそれぞれにいいところがあって、ただ、離まで行って守に戻ったらば相当にちがうことになるんじゃないか。

理屈っぽい話になりましたが、こういう話を、いま、この年齢で師匠とできたら幸せだと思いますね。師匠がいま生きていらして、師匠に、「師匠この噺はこういうふうに理解してもいいんですかね」って、そういう会話ができたら！　いえ、師匠は私の若いときに質問しても答えてくれたと思います。いま強く思うことは、なんであのとき聞かなかったんだ、馬鹿野郎って言われてもいい、そんなこと自分で考えろって言われてもいい、なんでぶつかっていかなかったんだ、食いついていかなかったんだ。今更ながら考えます。

師匠はよく言ってました。

「おめえたちは聞きに来ねえからわからなくなるんだ。おれの噺はいくらでも盗め。そら、おめえたちはおれの弟子だ。おれの噺をいっくらやったって怒らねえ。だけど聞きに来い。聞きに来ねえからだめなんだ」

そうか、師匠はこのときのことを言ってたんだと、いまになって思います。あのときの自分は妙に引っ込み思案で、自分だけで納得して、きっとこういうことなんだろうなと思いながらやってました。時に触れて師匠が呼んでくれて「いまああやったのは違う、こうだぞ」と、ひとこと言ってくださる師匠だったので、ありがたかったけれども、なんで聞きに行かなかったか、いまだに心残りです。

自分が弟子をもつ身になってみて、弟子たちはあんまり聞きには来ないもんですね。時々、ここはこういうことですかって訊かれることはありますけど。喬太郎なんかも自分勝手にやってます。

稽古をしているうちに弟子のよさもわかってきます。人間的なものはそばにいればわかりますが、芸は実際に聞いてみなきゃわからない。こういうやつだから、こういう噺をするだろうなと思っているとまるで違ったりする。親はなくても子は育つ、ってのはうまいこと言ったものだなと思います。

たとえば小さんの弟子だからって小さんを踏襲しているかと言えば、そうでもない。小さん一門の弟子は幅が広いんです。もちろんみな小さんを好きで、小さんを理解しているけれども、小さんの芸を踏襲していこうともしていないし、師匠も無理強いしませんでした。

でも小さんの芯だけはぶれたくない、と思います。

6　師匠と一緒の最後の高座

こないだ水泳の入江選手だったかが、賞味期限は切れましたけど消費期限はまだあるから頑張ります、って言うのを聞いてうまいこと言うなあと思いました。だけど芸人は逆だなと思いました。スポーツだとやっぱり旬の時代があって、そのあともやっていくという意味でしょうけど、芸人は違う。消費期限がすんでからが賞味期限になるんです。そりゃ芸人だって、六十になれば当然勢いも落ちてくる。滑舌も悪くなるし、発音だって悪くなる、啖呵も切れなくなる、動きも悪くなる。ところが、そうなってからが、先ほども言った離から守に戻るというか、そこから何か本当に噺家としてのいいものが出てくると言いますか。百メートルを十秒で走れてた人が、十一秒でしか走れなくなったときに、十秒で走れるような人と同じ魅力をどうしたら持てるか、走っている姿が十秒より美しい姿でいられるか。

大河ドラマでも、若い俳優さんはやったら大きな声で感情を表現してますが、年食った俳優さんはそんなに大きな声を出さなくてもぐっといい演技をしますよね。

うちの師匠は晩年、声も出なくなり、噺も一瞬おぼつかなくなって、その時初めて本当に自分の限界を知って引退をなさいましたけど、そこまで芸人を噺家をやっていたかった人なんです。長嶋茂雄さんと野村克也さんの違いのようなものです。長嶋さんは八代目文楽タイプ、もうこれで私は辞めます、これ以上私はみっともないことはできないと身を引く。野村さんは、打てない勝てない、でもなりふりかまわず努力し続けた。小さんは野村タイプだったんだと思います。もちろんどっちがいいとは言えません。けれど、スポーツの選手はいつまでも現役ではいられませんが、たとえば談志師匠は七十四歳で亡くなるまで現役でしたね。小さん師匠は、引退されてから亡くなるまで四カ月くらいでしたかね。現役としてぎりぎりでお会いしたのは、十二月の紀伊國屋でしたか。

師匠のそばにずーっといたかったと思います。でも叶いませんでした。弟子の中に生きてる小さんは、剣道をして「おう、メシ準備しろ」っていう小さんであってほしいんですよね。自分たちの大事なものは大事なままに脳裏に残しておきたい、師匠とこんなこと言った、こんなことした、ということだけを残しておきたいという気持ちがあったんでしょう。うちの師匠は、入院もなさらず自分のおうちで突然なくなられましたから。

最後にご一緒した紀伊國屋の暮れの会は、うちの師匠がトリで『笠碁《かさご》』をやったんです。「おまいさん、笠取らねえじゃねえか」というのが落ちで、その下げを言って頭を下げると幕が下ろされる。ところがその日、師匠は下げを言った後、そのまま碁を打ち始めてしまった。そのまま『碁泥《ごどろ》』という噺に入ってしまいました。幕が下ろせない。私は幕の側に行き前座に「俺がよったのか迷っている。楽屋全体に氷が張ったようになった。師匠も自分の中でどうなしと言ったら幕を下ろしてくれ、後は俺が責任とるから」、と。次に噺の中で碁石をパチリと打ったところで前座に合図をして幕を降ろさせ、追い出し太鼓を打たせました。これも新しい演出みたいに見えたらいいなと思って。そしたら師匠は降りかけた幕を止めさせ、舞台袖にいた私に、

「おい、さん喬」

ああ、怒られるんだ。

「おれ、どうやら噺まちげえたみてえだな」

「いえ、間違えてません、ちゃんと下げもおっしゃってました」

「そうか」って。

私は何も言わなくていいのに言い訳がましく「師匠は二・二六の取材もあってつかれていらしたから」とか、べらべらしゃべっていたら、突然師匠がこの『笠碁』は誰に習って、とかお客様に向かって話し始めた。ああよかったなとほっとしました。

でもいまになって、もしかしたら、『笠碁』はこの時の師匠の終わり方のほうがよかったんじゃないかと思うんです。ですから時々、この終わり方でやってます。

楽屋からお見送りに行って、車に乗るときに師匠が、

「さん喬、ありがとな」

と言ってくださった。涙が止まりませんでした。現役の師匠との最後でした。

7　うまい？

「芸人は上手も下手もなかりけり、行く先々の水に合わねば」

この言葉の意味は「その土地の人々のニーズに合わせる、自分の芸をお客様に押し付けないこと」ということですが、これがなかなか難しい。

特に初めて落語を聴くお客様が多い地方の落語会で「水に合わせる」には、やはりそれ相応の力が必要ですし、そういった力のある芸人が「うまい！」と言われる。

しかし「蓼食う虫も好き好き」と言うように、人の好みは十人十色。

では、「うまい」とはなんでしょうか――

われわれ噺家にとって高座は戦いの場所、いわば戦場である。

布陣をしっかりと組み、先陣が確かな戦をしないと、後から戦場に臨む大将（師匠）に勝利をもたらすことは出来ない。いかに観客を自軍の味方につけるか、先陣の戦いにかかっていると言っても過言ではない。

さる地方へ師匠の独演会のお供で行った時のこと。

八百席ほどの客席は満席、二つ目に成りたてほやほやの私めにとっては初めての大きな戦さ場だ。着物に着替えながら体中を熱い血が駆け巡っていた（あの血は何処へ行ったのかしら、献血したつもりもないが）。やがて戦の始まりを知らせるほら貝ならぬ開演ベルが鳴り、鬨《とき》の声や陣太鼓ならぬ出囃子に太鼓や鉦が打ち鳴らされ……いざ出陣とばかりに、姿凛々しき若武者柳家さん喬丸は本陣（楽屋）におはします御大将、五代目柳家茶漬之介《やなぎやちゃづけのすけ》小さん守盛清《のかみもりきよ》に御向《おんむか》い声高らかに「殿（師匠）！　お先に勉強つかまつりまする！」

先陣を承る御挨拶を済ませし若武者は、敵陣の真っただ中へ進み行く、その勇ましき姿に我が大将、御自《おんみずか》ら「これ待て！　さん喬丸、近《ちこ》う寄れ！」と声かけそうらへ、何事《なんごと》やとさん喬丸、御殿に近寄りて、

「はは、何事にそうらへや？」

大将、辺りはばかり声ひそめ、

「これ！　さん喬丸」

「はっ！」

「長く演《や》れよ！」

「（ガクッ！）……心得ました！」

「うん、でかした、早《は》よ行けえ！」

「おさらばー！」

高座に上がり、言いつけ通り長く（四十分ほど）演ったのだが、通常前座を務める者がこんなに長く噺をするなど許されない。このように我が師は許せる限りの勉強の場を弟子に与えてくだすった。

さて、かの若武者の戦いぶりは如何《いかん》や、バッタバッタとなぎ倒され悪戦苦闘の四十分、見事討ち死に楽屋に戻る、入れ替わり満を持して悠然と大将高座に上がる、いつものようにゆったり語らばその巧みさは言うまでもなく、景色が浮かび、登場人物が生き生きと動き出し、それぞれの様子や顔かたちまでしっかりくっきり描き出される。

舞台袖で聞き入っていた私めさん喬丸、小兵ながら我が師・大将を「巧み名人とはかくばかりか」と改めて心に深く刻み込んだ。

しかし客の反応は今ひとつ。

休憩をはさんでもう一席、だいたい休憩後は客も落語を聞き馴れ、がらっと好転するものだが、この日はどうしたことかあまりよい反応がない。私は己の力不足で座固めすることが出来なかったのが敗因、師匠に迷惑をかけたとうなだれた。

終演すると係の人がニコニコしながら「師匠ありがとうございます、おつかれさまでした」と嬉しそうに楽屋に入ってきた。

「へい、ありがとうございました。どうもお客さんに喜んでいただけなかったようで……」

ちょっと寂しそうに師匠は言った。私は一層身体が小さくなった。すると係の人は「とんでもありません、皆大喜びで、面白かったと帰っていきました」

「えっ？　皆さん、笑ってくださらなかったですが」

師匠は怪訝な顔をした。

「この土地の人たちがうふふと笑う事は、皆さんがお腹を抱えて笑うのと同じくらいに笑っているんです」

気を遣っての言葉かと思ったが、あながちそうでもなかったようだ。師匠はほっとした様子で「そうです、か？……まぁそれならよかったですが」と答え、ニコリとした。

それでも師匠はどこか悔しかったのか、帰りの列車でしたたかに酔った！

そこに存在するだけでもいい名人・五代目柳家小さんでも、「行く先々の水に合わねば」なのだ！　と深く思った。

私のところにも弟子がいる。よそ様の師匠にも弟子がいる。その中には「将来が楽しみな、いいお弟子さんを取ったなー」と思う人もいる。そのあべこべもいる。

どう言うわけか、私の家にはあべこべばかりが集まってきた。

そんなあべこべも、「いつか！　化ける」と自分自身に言い聞かせて噺家を続けるし、師の方も「ひょっとしてこいつは化けるかもしれない」と思い、育てるが……世の中そんな甘くはない。

弟子を育てる上でその個性を潰さないように育てようとすると、自分の弟子として理想とした噺家にはならない。

しかし、その個性に手を触れなくても、当人が自分で自分の個性を潰してしまうこともある。それは上手くなろうと思うがゆえに自分の個性を見逃してしまうからだ。自分が演じたいことと、自分が持っている個性とは違うことが多い。自分のやりたいことが邪魔をして、大切な個性をなくすことがままある。

その短所を直してやろうとして、長所を失わせてしまうことがある。噺を教える側がその人の両面をしっかり見ていれば、より以上の稽古をすることができると思う。

そして演者は観客を信じること、これが噺家の個性を引き出す大きな源になるのではないか。世に出る噺家を育てるのは、師匠でもなく己でもなく――あなた！　そう、お客様なのかもしれない!!

面白い噺家、上手い噺家、巧みな噺家、どんな噺家になりたいか、いやなれるのか、自分ではわからないものだ。

前座二年目の頃、師匠のお供で初めて博多へ行った。

四十年ほど前、博多に「他抜会《たぬきかい》」という会があり、師匠五代目柳家小さんをご贔屓《ひいき》くださっている方々の集まりでした。いずれも博多で各分野で活躍なさっているその会の方々が中心となってお客さんを集め、落語会を開いてくださっていた。

私のような前座が喋らせてもらえるような会ではなかったが、前を務めさせていただいた。

何もわからない私にでも、上質な観客である事がよくわかった。

さすがに師匠はまるで一流の手品師が手のひらでカードや玉をやすやすと操るように、「小さんという手のひら」で客を遊ばせた。

涙を拭き拭き腹を抱え笑っている人もいれば、膝を叩きながら喜んでいる人もいる。お年寄りも若い人も、すべての観客が年齢の違いも性別も超えてその世界で遊んでいた。

私はみなさんの嬉しそうな様子を見ているうちに、なぜか嬉しくて、嬉しくて、とても嬉しくて、気が付くと私の細い目からは涙が溢れ出していた。

終演後、他抜会の方々が博多の一流の料亭へご招待してくださった。

私は自分の着ている物も年齢も経験も、そこに居ることが似つかわしくないと思った。

目の前に出されるものすべてが二十歳そこそこの若造には初めて出会うものばかり。味はもちろん、その盛り付けの美しさに箸を付けるのが気後れするほどだった。

師匠の方を見れば、会の方々と談笑しながら当たり前のように料理を食べ酒を飲み、女子衆《おなごし》と笑い興じている。

初めての大人の世界だった。

そして食事を済ませると、帰る時も私を師匠方と同様に差別することなく、同等に客として扱ってくれた。

この体験が、人をもてなすとはどういうことか、お客様と向き合う者が大切にしなければならないものを自分の中に植え付けてくれたように思う。

夜遅く師匠と宿泊先の部屋に戻って、私は荷を解きながら、

「師匠、ご馳走様でした！」

「うん！　旨かったか？」

師匠は寝巻きに着替えながらぶっきらぼうに言った。

「ハイ！　あんな美味しい物はじめていただきました！」

「そうか！　よかったな！」

師匠は一瞬、間をおき、続けて言った。

「いいか小稲！　あの味を忘れるんじゃねぇぞ！」

「はい！」

「だがな、沢庵の味も忘れるんじゃねえぞ！」

私は、ハッ！　とした。

本当に大切なことは何なのか、気付かせてくださった。

あの時の師匠の言葉こそが、本当の「うまい！」の意味を教えてくれた気がする。

「上手い、巧い、美味い、旨い」とはすべてのことを知って言えることなのかもしれない。

作る（造る／創る）側、聴かせる側、観せる側、それぞれに思いはある。

しかし、食べる側、聴く側、観る側を忘れては「うまいもの」は提供できない、と思う。

これが「行く先々の水に合わねば……」なのでしょうね！


落語『酢豆腐』の若旦那は「会席料理は食べ飽きた、珍《めずら》かなる物を食したい」とのたまうが、『千早ふる』の落ちぶれた花魁は豆腐屋が捨てる「おから」でも今の自分にはご馳走だと乞う。

噺家はそれぞれがお店のオーナーでもあり、噺を料理するシェフでもあるだろう。

それぞれの個性は「味」、その味を味わうためお金を払って聴いてくださるお客様のために、これからも！　皆さんが「面白かったね！　楽しかったね！」と言ってくださるような「沢庵の旨さ！」を忘れない噺家でいたいと思います。

今度は皆さん、寄席（というレストラン？）で是非お会いしましょう！

えっ、「料理屋じゃあないのか？」って？

えへっ、私洋食屋の小倅《こせがれ》なもので。

終わりに

本を書くのはやはり難しい。

落語とどちらが難しいですかって？　そりゃあなた！！！？？？

何が難しいと言って、句読点の付け方です。

私たちには喋る間があります。噺では一秒にも満たないわずかな間で、お客様に景色を感じさせ、登場人物の感情や人間関係を想像していただけるよう配慮します。文章ならば、その間は行間であろうかと思いながら書いているうちに気が付いたのは、句読点がわからない！　なぜなら普段高座で演じる噺と同じ間で「、」や「。」を打つと、文章では入れるべきではないところに入ってしまうのです。しかもやたらと「！」や「？」などを入れてしまう。どうやら自分が噺で感情を強調するところに文章では「！」を、噺のマクラや登場人物の心情などお客様へ問いかける気持ちで話すような箇所に「？」を置いていることに気が付いたんです。

この文中の「、」「。」「！」「？」たちが、私の噺の中でリズムや情感、噺の具体性をお客様に聞き取っていただく大事な間と同じなのですね。句読点からあらためて噺の間を教えてもらいました。

句読点諸君ありがとう！（ほらまた！を打った）

さて、今回の本は「エッセイを連載してみませんか？」とのお誘いから始まりました。お受けする返事はしたものの、何を書いたらよいか考えあぐねてしまいました。その頃、本願寺出版で『おてらくご』という落語とお寺の関わりを書く本をお手伝いしていたものですから、そのプロデュース兼編集をしていらした藤本真美さんにそんな話をすると、「落語に出てくる食べ物と落語を結びつけて書いたらどうですか？」との助言をいただき、筑摩書房さんのウェブマガジンで連載が始まることになりました。題して「落語キッチン」。挿絵は京都の人気画家にして僧侶でもあられる中川学さんにお願いし、文に花を添えていただきました。

その連載をさらに膨らませたものが今手にとっていただいているこの本です。

今年、私は噺家になって五十年！　ちょうどその折に、この間のことをいろいろ思い返すことができたのは、この本あってのこと、筑摩書房さんには深く感謝申し上げます。そして今まで支えてくださった皆様にもあらためて厚く御礼申しあげます。有難う御座いました。

落語は聞いていてくださる方がみなさん同じ空気、空間にいらっしゃいますが、本はみなさんまるで違う場所や空間で読んで下さるんですよね。反応を知ることができないのは、書き手として不安でなりませんが、反面、手前味噌ですが面白いところもたくさんあり、楽しんでいただける本だと思ってもおります。どうぞ落語を聞くように読んでいただけたら何より嬉しいことです。そしてこれからも落語を愛し、寄席に足を運んでくださいますようお願い申し上げます。

本だけに、本当に、有難う御座いました。

平成二十九年十月

おしまいまで読んでいただけたことに感謝申し上げながら

柳家さん喬

［著者略歴］
柳家さん喬（やなぎや・さんきょう）
1948年東京生まれ。1967年、のちに人間国宝となる五代目柳家小さんに弟子入り。前座名は「小稲」。1968年、初高座。1972年、二つ目に昇進、「柳家さん喬」と改名する。1981年、真打昇進。平成24年度芸術選奨文部科学大臣賞（大衆芸能部門）他、受賞多数。平成28年度文化庁文化交流使。2017年春、紫綬褒章受章。落語協会常任理事。柳家喬太郎を筆頭に11人の弟子をもつ。著書に『柳家さん喬 大人の落語』ほか。

噺家《はなしか》の卵《たまご》 煮《に》ても焼《や》いても
落語《らくご》キッチンへようこそ！

2017年11月10日 初版第1刷発行

著 者 柳家さん喬
発行者 山野浩一
発行所 株式会社 筑摩書房
東京都台東区蔵前2-5-3 〒111-8755
振替 00160-8-4123
装幀者 守先正
印刷・製本 三松堂印刷株式会社

乱丁・落丁本の場合は下記宛にご送付下さい。送料小社負担でお取り替えいたします。
ご注文、お問い合わせも下記へお願いいたします。
筑摩書房サービスセンター
さいたま市北区櫛引町2-604 〒331-8507
電話 048-651-0053

ISBN978-4-480-81540-8 C0095

◉筑摩書房の本◉

〈ちくま文庫〉
落語こてんパン
柳家喬太郎

現在、最も人気の高い演者の一人として活躍する著者が、愛する古典落語についてつづったエピソード満載のエッセイ集。巻末対談＝北村薫

落語こてんコテン
柳家喬太郎

当代きっての人気落語家が、地噺、艶噺、怪談噺に講談ネタまで熱く紹介する古典落語五十席。あらすじから聞き所、演じ手の苦心まで愛情たっぷり語り尽くします。

〈ちくま文庫〉
落語百選（春夏秋冬）（全4巻）
麻生芳伸編

春は花見、夏の舟遊び……落語百作品を四季に分け、詳しい解説とともに読みながら楽しむ落語入門の代表的ロングセラー・シリーズ。

〈ちくま文庫〉
落語家論
柳家小三治

この世界に足を踏み入れて日の浅い、若い噺家に向けて二十年以上前に書いたもので、これは、あの頃の私の心意気でもあります。
解説　小沢昭一

〈ちくま文庫〉
なめくじ艦隊
志ん生半生記
古今亭志ん生

〝空襲から逃れたい〟、〝向こうには酒がいっぱいある〟という理由で満州行きを決意。存分に自我を発揮して自由に生きた落語家の半生。
解説　矢野誠一